교수님, 이거
시험에 나와요?

교수님, 이거 시험에 나와요?

교수가 들려주는
성공적인
대학생활을 위한 팁!

다나 존슨
제니퍼 프라이스 **지음**

조용운 **옮김**

GIST PRESS
광주과학기술원

Contents

서문

40년이 넘도록 학생을 가르치면서, 성공적인 대학생활을 하고자 하는 학생들이 대학에 대해 잘못된 생각을 하고 있다는 사실을 알게 되었습니다. 많은 학생들은 고등학교처럼 대학에서도 선생님이 공부를 위해 교실을 정돈하고, 게시판을 꾸미고, 숙제를 확인해 주며, 모든 학생이 기말시험을 잘 볼 수 있도록 세심하게 관리해 줄 거라 생각합니다. 하지만 대학과 대학의 교수는 생각하는 것과는 전혀 다릅니다.

대학 신입생이 낯선 고등교육 시스템에 대해 잘 이해한 상태로 입학한다면, 4년이라는 시간과 수천만 원의 대학등록금을 성공적인 삶을 위해 보다 효율적으로 사용할 수 있습니다. 이 책은 어떻게 하면 대학 과정을 최대한 활용할 수 있는지, 학문을 위한 관계 형성을 어떻게 해야 하는지, 미래를 위해 자신의 능력을 어떻게 개발해 나가야 하는지를 대학 교수의 관점에서 알려주기 위한 책입니다.

대학생활에 대해 조언해 주는 책은 시중에 이미 많이 있습니다. 예를 들면 어떻게 하면 당신의 룸메이트와 잘 지낼지 또는 학자금 대출은 어떻게 할지 등 말이죠. 하지만 이 책은 대학의 기본적인 존재 이유인 학문에 초점을 맞추고 있습니다. 몇 년 전에 『미국의 대학생은 지금: 신입생이 된 교수의 생생한 스케치 My Freshman Year: What a Professor Learned by Becoming a Student 』[1]라는 책이 출간되었습니다. 저자인 레베커 네이던 Rebekah Nathan 은 미국의 한 주립대학교 문화인류학 교수입니다. 그는 자신이 가르치는 대학의 신입생으로 몰래 입학합니다. 저자는 학생들이 대학의 교수학습과정 process of teaching

◇◇◇◇◇◇◇◇

1 Nathan, Rebekah. My Freshman Year: What a Professor Learned by Becoming a Student. Ithaca, NY: Cornell University Press, 2005. (옮긴이. 미국의 대학생은 지금. 레베커 네이던. 2006년 다산미디어 역간)

and learning 을 제대로 이해하지 못하고 있음을 확인했습니다. 교수는 몰래 학생이 되어 학생의 관점으로 대학을 살펴볼 수 있지만, 반대로 학생은 교수의 관점을 체험해보기 위해 몰래 교수가 될 수 없다는 것에 안타까운 마음이 들었습니다. 그래서 학생들에게 교수의 관점을 소개하고, 실제로 교수가 학생에게 원하는 것이 무엇인지 알려주고자 이 책을 썼습니다.

1996년, 저는 초등학교 교사 임용을 준비하는 석사과정 학생을 대상으로 수학 과목을 가르쳤습니다. 학생 중에 젊고 매우 쾌활한 민디 Mindi 라는 여학생이 있었습니다. 민디는 한 명문 주립대학에서 학사 학위를 마치고 석사과정에 갓 입학했습니다. 민디는 자신이 대학에 처음 입학했을 때 경험했던 일과 자퇴할 뻔한 이야기를 들려주었습니다. 민디의 가족 중에는 대학을 나온 사람이 없어서, 처음으로 대학을 경험하는 사람이 되었습니다. 막연히 고등학교와 비슷할 것이라 생각했고, 대학이 어떻게 돌아가는지 전혀 알지 못한 상태로 대학에 입학했습니다. 하지만 입학 후에 대학의 복잡함을 마주치자 어떻게 해야 할지 너무 당황스러웠습니다. 매일 다가오는 마감 시한에 대비하며 학습하는 방법을 몰랐고, 교수님을 찾아가 학습 방향에 대한 고민이나 막연한 두려움에 대해 터놓고 이야기해도 되는지도 몰랐으며, 글쓰기 센터, 튜터링 서비스와 같이 학생을 도와주기 위한 학교 시스템에 대해서도 몰랐습니다. 심지어 함께 수업을 듣는 다른 학생과도 제대로 어울리지 못해 외로움을 느꼈습니다. 결국 선택한 것은 기숙사 방에 틀어박혀 이불을 뒤집어쓰고 혼자 있는 것이었습니다.

하지만 민디는 같은 층에서 생활하던 학생 네 명의 도움을 받고 다시 일어설 수 있었습니다. 친구들은 민디가 곤경에 처한 것을 알아챘고, 이불 속에서 끌고 나와 어려웠던 문제들을 하나씩 하나씩 알려주기 시작했습니다. 민디는 그 도움을 회상하며 평생 고마운 친구들이라고 했습니다. 민디와 같은 상황에 처한 친구들이 의외로 많다는 이야기도 나눴습니다. 하지만 민디처럼 운이 좋은 경우는 별로 없습니다. 고등학교는 오로지 학생을 대학에 진학시키는 것에만 집중합니다. 민디는 학생이 고등학교를 졸업하고 대학교에 입학했을 때,

어떤 일들이 자신에게 벌어질 것인지 알려주는 사람이 있으면 좋겠다고 했습니다.

민디의 경험 중에서 일부는 모든 학생이 대학에 들어서자마자 공통적으로 경험하는 내용입니다. 학생들은 새로운 환경에 적응하고 익숙해지기 전까지 상당히 불편하고 어색할 수밖에 없습니다. 경쟁이 치열하고 승리자와 패배자가 나뉘는 취업 시장으로 나아가기 위한 진입로가 바로 대학입니다. 대학 생활을 통해 자신만의 능력을 키우고, 소중한 추천서를 받기 위해 교수님과의 관계를 돈독히 하는 것은 인생의 다음 단계로 나아가기 위해 매우 중요합니다.

이 책에 언급된 일화와 삽화는 저의 경험을 비롯해 수백 명의 다양한 분야 교수들의 경험을 바탕으로 했습니다. 친구와 동료뿐 아니라 일면식도 없는 교수들이 여러 학회에서, 페이스북으로, 메일로 자신의 경험을 저에게 공유해 주었습니다. '책에 도움이 될 만한 사례를 하나 보내드립니다!'라는 제목의 메시지를 많이 받았습니다. 제가 받았던 메시지는 한결같이 너무 많은 학생이 대학의 문화와 대학의 학습 환경을 제대로 이해하지 못하고 있고, 이는 결국 학문적인 성공 여부에 영향을 미치고 있다는 사실을 알려주었습니다.

저의 바람은 이 책을 읽은 여러분이 입학 후에 대학 과정에서 마주하게 되는 도전에 잘 대비했으면 하는 것입니다. 대학에 대해 전혀 모른다면 이 책을 통해 첫걸음을 뗄 수 있습니다. 어느 정도 정보가 있는 경우라면 이 책이 더 나은 성과를 거둘 수 있도록 안내해 줄 것입니다. 이미 대학생활을 하고 있다면, 여러분의 노력이 대학생활에 최적화될 수 있도록 도움을 줄 것입니다. 여러분이 대학생활을 성공적으로 마칠 뿐만 아니라, 대학 이후의 삶에서도 성공하기를 진심으로 바랍니다.

이 책은 학부모, 대학 교수, 대학입학사정관, 고등학교 상담교사, 대학생을 직접 마주하는 대학 관계자 모두에게 도움이 될 것이라 기대합니다. 우리는 모두 학생들의 성공적인 대학생활이라는 목표를 공유하기 때문입니다.

다양한 종류의 대학이 있을 뿐 아니라, 대학마다 다양한 과정도 존재합니다. 이 책은 전형적인 4년제 대학 과정에 초점을 맞추고 있습니다. 하지만 4년제 대학이 아니더라도 이 책이 담고 있는 정보는 모든 대학생에게 유용할 것이라 믿습니다.

다만 이 책은 미국 소재 대학에서의 경험을 바탕으로 하고 있습니다. 그러나 고등교육 과정이라면 다른 나라에서도 충분히 적용이 가능하리라 생각합니다. 각 나라마다 강의실 문화와 학문에 대한 기대치는 천차만별입니다. 미국 대학에 입학하고자 하는 외국인 학생 또는 해외 경험을 위해 미국에 오고자 하는 학생에게도 이 책은 상당히 유용할 것이라 생각합니다.

독자에게:

저의 딸, 제니퍼 프라이스 Jennifer Price 가 이 책의 제7장과 제12장을 썼습니다. 제니퍼는 생물학자이면서, 온라인 강의로 학생들을 가르친 경험이 풍부한 교수이기도 합니다.

이 책의 끝부분에는 대학에서 자주 사용하는 용어를 모아 놓은 용어집이 있습니다. 책을 읽다가 익숙하지 않은 용어가 나오면 찾아보세요. 용어집을 한번 전체적으로 읽어보는 것도 도움이 됩니다.

이 책은 출판에 앞서 고등학교 선생님, 대학생, 다양한 대학의 교수, 대학 입학사정관, 고등학교 상담교사, 학부모 등 여러 분들이 검토해 주셨습니다. 또한 대학 입학생에게 유익하고 실용적인 정보를 제공해 주기 위한 이 책의 목적에 적극적인 지지를 해주셨습니다.

교수님, 이거 시험에 나와요?

친구 집에 방문했을 때였습니다. 페인트칠을 하고 있던 한 젊은 청년을 만났습니다. 나이가 37살 정도 되어 보였습니다. 그는 몇 달만 있으면 대학 학자금 대출을 모두 갚을 수 있을 거라며 그 후에는 약혼자와 결혼하고 집도 살 계획이라고 기뻐했습니다. 저는 그가 대학을 2년 넘게 다녔지만, 졸업은 하지는 못했다는 사실을 알게 되었습니다. 그는 대학 등록금과 대학 생활을 위해 시간과 돈을 썼지만, 결과적으로 남은 것은 빚뿐이었습니다.

대학에 가기 위해서는 뚜렷한 목표가 있어야 합니다. 그리고 분명하게 말할 수 있어야 합니다. 예를 들어, "전공은 아직 확실하지 않지만, 영화 제작이나 환경공학에 관심이 있습니다. 먼저 2년제 대학에 다녀서 요건을 갖춘 후에 전공을 정하고, 제가 원하는 전공을 가르치는 4년제 대학에 편입할 예정입니다." 또는 "저는 공학을 전공하고 싶습니다. 아직 자세한 분야를 정확히 모르지만 다양한 전공의 과목을 수강하고 경험해 볼 예정입니다." 또는 "고등학교 생물 선생님이 되고 싶어서 우선 생물학을 전공한 후에, 교원자격을 얻기 위한 과목을 수강할 예정입니다." 또는 "저는 경영학을 전공하려고 합니다. 저의 꿈은 레스토랑을 직접 경영하는 것입니다. 경영학과에서 배우는 과목과 인턴 활동은 저의 꿈을 구체화시켜 줄 것입니다." 아니면, "저는 인문교양을 탄탄히 할 예정입니다. 대학 과정에 들어가서 구체적인 진로를 고민해 볼 예정입니다." 여러분의 마음은 항상 바뀔 수 있으며, 실제 그렇습니다. 그러나 잠정적인 계획이라도 목표가 꼭 있어야 합니다. 또한 목표를 이루기 위한 좋은 자세와 투지가 필요합니다.

고등학교와 달리 대학 과정은 의무가 아닙니다. 지금 대학을 갈 계획이 없다면, 다른 계획을 가져도 좋습니다. 여러분은 취업을 하거나, 군 입대를 하거나, 잠시 봉사활동을 할 수 있습니다. '갭이어 Gap year [2]를 갖는 경향도 최근 늘어나고 있습니다. 교수들은 학생들이 대학에서의 시간을 최대한 유용하게 보내려는 노력을 하지 않는다는 사실에 가장 실망합니다. 국립교육통계센터 National Center for Education Statistics 는 2010년에 학사학위를 취득하기 위한 목적으로 대학에 입학한 학생 중 60%만이 6년 이내에 졸업했다고 발표[3]했습니다. 여러분이 무엇을 해야 할지 모르는 상태로 대학에 진학한다면, 대학생활은 시간 낭비입니다.

또한 대학 진학은 큰 재정적 투자이기도 합니다. 대학 입학 후 첫 1년간 2,000만 원 이상 지출하게 되는데, 그 투자 효과에 대해 아무 생각이 없다면 이것 또한 돈 낭비입니다. 2,000만 원을 들여 새 차를 구입하고서 아무렇게나 난폭 운전을 해도 될까요? 아니면 1년 동안 차고에 고이 모셔둘까요? 대학 등록금도 현명하게 투자해야 합니다.

최대한 유익한 대학생활을 보내기 위해, 여러분은 대학에 입학하면 무엇을 해야 하는지 충분히 이해하고 있어야 합니다. 바로 이 책이 그 도움을 주기 위한 책입니다. 대학에 입학했을 때, 무엇을 어떻게 해야 하는지 정확히 잘 알고, 그것을 나에게 더 유용하도록 다룰 수 있다면 대학생활에 큰 자신감이 생길 것입니다. 여러분이 해외여행을 가기 위해 여행지에 대한 가이드북을 읽는 것은 매우 현명한 일입니다. 대학을 해외여행이라고 생각해 보기 바랍니다(실제로 입학 초기에는 외국처럼 느껴질 수 있습니다). 엉망이 된 대학 성적표를 받기 전에 미리 알고 준비하는 것이 가장 좋습니다.

◇◇◇◇◇◇◇◇

2 옮긴이. 학업이나 일을 잠시 중단하고 여러 가지 경험을 하면서 진로를 모색하는 기간.
3 National Center for Education Statistics, "The Condition of Education." Updated May 2021.
   https://nces.ed.gov/programs/coe/indicator_ctr.asp

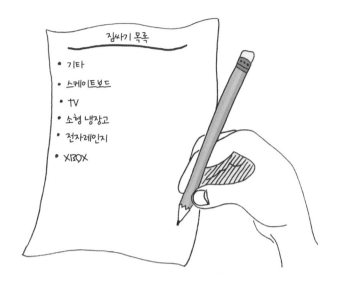

교수님, 이거 시험에 나와요?

제1부

큰 그림으로
대학 보기

제1장

대학은
복잡한 곳이에요

가을학기의 개강일, 저는 미적분학 수업이 끝난 후에 칠판을 지우고 있었습니다. 다음 수업을 듣기 위해 강의실에 들어온 한 학생이 맨 앞줄에 앉았습니다. 저는 학생에게 물었습니다. "수강하는 과목의 교수님이 누구시니?" 그 학생은 교수 이름을 알려주고 나서 한마디 덧붙였습니다. "대학 교수님이 자기 강의실이 없다는 사실이 놀라워요!"

"흠…" 저는 생각했습니다. '이 학생은 분명히 신입생이고, 대학이 고등학교와 어떻게 다른지 전혀 이해하지 못하고 있구나. 대학 교수가 자신의 모든 시간을 강의실에서 보내는 것이 아니라는 사실을 아직 모르는 거야.' 하지만 놀랄 일은 아닙니다. 우리는 이미 경험한 것을 바탕으로 모든 것을 예상하기 때문입니다.

대학은 고등학교와 어떻게 다를까요?

고등학교는 모든 것이 학생을 중심으로 돌아갑니다. 학생의 수업 시간표가 정해져 있고, 쉬는 시간과 점심시간도 정해져 있습니다. 그리고 모든 수업에 참여해야 합니다. 결석을 하면 출석부에 기록됩니다. 만일 사전에 학부모의 통지 없이 결석한다면, 학교는 전화로 왜 결석했는지 확인합니다. 또한 어떤 복장으로 학교에 등교해야 하는지에 대한 규칙도 정해져 있습니다. 많은 학교에는 아스피린과 같은 약물을 마음대로 가져올 수 없고, 보건실에서 받은 후에 사용해야 합니다. 수업 시간이 끝나기 전에 하교하거나, 수업 도중 화장실에 가려면 미리 허락을 받아야 합니다. 선생님은 매일 숙제를 확인하고, 제대로 했는지 검사도 합니다. 시험을 치른 후에 그 과목에 불합격할 경우, 다시 시험을 볼 수도 있고, 성적이 낮은 경우에는 추가로 점수를 받기 위한 공부를 더 할 수도 있습니다.

고등학교 선생님에게 가장 중요한 일은 학생을 가르치는 일입니다. 선생님은 보통 일주일에 25시간 정도 수업을 합니다. 선생님의 교실은 자신의 사무실이기도 합니다. 고등학교와 선생님은 재학생 중 몇 명의 학생이 시험에 통과했는지의 결과로 평가를 받습니다. 고등학교 선생님은 여러분 한 명 한 명을 더 잘 알기 위해 노력합니다. 심지어 선생님은 여러분의 부모님이나 형제까지 속속들이 알 수도 있습니다.

모든 학생에게 고등학교 교육이 필수이기에, 교육 기간 동안에 선생님은 학생들을 가르치는 데 전적으로 집중합니다. 대학 신입생은 대학에 입학하면 부모와 고등학교 선생님이 했던 방식으로 자신들을 돌봐 줄 것으로 기대합니다. 하지만 대학 교육은 필수가 아닐뿐더러 교수는 수업 외에도 할 일이 정말 많습니다. 고등학교에서는 학생을 보호할 대상으로 보지만, 대학은 대학생을 자율성을 가진 성인으로 간주합니다.

대학에서는 학생이 수강하는 과목의 수업 횟수가 고등학교에 비해 현저히 적습니다. 신입생들을 위한 과목의 경우 수백 명이 앉을 수 있는 큰 강당에서 수업하기도 합니다. 여러분은 다른 학우를 전혀 모를 수 있습니다. 또한 교수가 여러분의 이름을 전혀 모를 수 있으며, 시험을 치기 위해 신분증을 지참해야 할 수도 있습니다.

여러분이 고등학교 때 AP 과정에 참여해 보았다면, 대학에서의 수업이 어떻게 진행되는지 어느 정도 느낌이 있을 것입니다. 하지만 AP 과정[4]은 대학의 한 학기의 시간보다 더 많은 시간이 주어지고, 활동과 과제가 더 많으며, 선생님의 지원을 받을 수 있을 뿐 아니라, 그 과정을 이수하기 위한 시험에 대해 명확한 정보를 얻을 수 있습니다. 하지만 대학 교수들은 여러분에게 더 큰 독립성과 열의를 기대합니다. 고등학교에서는 숙제가 조금 늦었더라도 받아줄 수 있었지만, 대학에서는 일상적으로 '기한 엄수'라는 원칙이 존재합니다.

고등학교와 대학의 가장 큰 차이 중의 하나는 대학 교수에게 가장 중요한 일이 가르치는 일이 아닐 수 있다는 점입니다. 보통 교수는 일주일에 6시간만 강의합니다. 그렇다면 나머지 시간을 오로지 여러분에게 할애한다는 의미일까요? 물론 그럴 수 있지만, 보통은 그렇지 않습니다. 어떤 대학은 재학생이 수백 명에서 천 명 사이 정도밖에 되지 않는 작은 규모이기도 합니다. 그렇게 작은 대학에서는 여러분이 개인적인 관심을 더 받을 수는 있습니다. 교수는 자신이 속한 학과나 대학 전체를 관할하는 위원회의 위원으로 참여하는 것과 같이 전문적이거나 행정적인 책임자의 보직을 맡아 그 역할을 수행하기도 합니다. 또한 국가기관이나 학술단체에서 중요한 역할을 맡기도 하며 자신의 연구를 위해 상당한 시간을 할애해야 합니다.

◇◇◇◇◇◇◇◇

4   옮긴이. AP(Advanced Placement)는 대학에 진학하지 않은 고등학생이 미리 대학의 교육 프로그램에 참여하여 대학에서 인정되는 학점을 취득할 수 있는 학습 과정을 의미함.

칼리지와 유니버시티

동일한 '고등교육기관 Institutions of higher learning '으로서의 대학이라도 어떤 대학은 칼리지 College , 어떤 대학은 유니버시티 University 라고 불린다는 점을 여러분은 이미 알고 있을 것입니다. 무엇이 다를까요? 칼리지라 불리는 대학은 보통 학사 학위를 받을 수 있는 4년제 학부 과정을 제공합니다. 이 학위 과정에 있는 학생을 보통 대학생 undergraduate 이라고 부릅니다. 유니버시티라 불리는 대학은 학부 과정뿐만 아니라 대학원 과정도 가지고 있습니다. 대학원 과정은 보통 석사 과정과 박사 과정이지만, 법학전문대학원 LLD, JD , 경영대학원 MBA , 의학전문대학원 MD 등 전문 분야의 학위 과정을 운영하기도 합니다. 이 대학원 과정의 학생은 대학원생 graduate 이라 불립니다. 많은 교수들이 대학원생들을 지도하고 가르치지만, 가끔 대학원생이 학부 과정의 대학생을 가르치는 경우가 있기도 합니다. 하버드대학 Harvard College 을 예로 들어봅니다. 이 칼리지는 1636년에 설립되었고, 학부 과정의 교육을 제공합니다. 추후에 케네디스쿨, 로스쿨, 비즈니스스쿨 등의 유명한 대학원 교육이 추가되면서 유니버시티가 형성되었고 현재 하버드대학 Harvard University 이 되었습니다.

지역에 기반을 둔 2년제 커뮤니티 칼리지 Community College 의 경우는 대학 진학에 대한 관심이 많아지는 경향과 학업을 통한 사회안전망 확보에 도움이 된다는 이유로 점차 고등학교와 유사한 방식으로 운영되는 추세입니다. 반면 유니버시티는 대부분의 신입생에게 상당한 문화적 변화를 경험하게 합니다. 4년제 학부 과정의 칼리지는 커뮤니티 칼리지와 유니버시티의 중간 정도라 할 수 있습니다. 규모가 큰 유니버시티는 '스쿨 School ' 또는 '칼리지 College '라 불리는 다양한 조직으로 구성됩니다. 경영대학원, 농과대학, 행정대학원, 커뮤니케이션대학원, 법과대학, 인문과학대학 보통을 그 예시로 들 수 있습니다. 또한 대학생에게는 강의를 제공하지 않는 법학, 의학, 약학과 같은 전문대학원을 포함하기도 합니다. 의과대학이 있다면 보통 의과대학부속병원도 있습니다. 유니버시티의 기능은 늘 확장되기 때문에 한 도시 안에 같은 대학의 캠퍼스가 두 개 이상이 있는 경우도 있습니다.

이렇게 다양한 조직을 운영하기 위해 대학은 대규모 지원 시스템을 갖추고 있습니다. 방대한 IT와 기술 지원 시스템, 발전재단, 출판사, 학생 지원 센터, 식당, 동문회, 입학 사무소, 체육관, 운동부, 교내 경찰서, 우체국 등이 대학 내에 존재합니다. 대학 내 중앙도서관 외에도 학문 분야에 따라 별도의 도서관을 가진 학과도 있습니다. 심지어 큰 대학은 미술관이나 박물관을 별도로 운영하기도 합니다.

다양한 조직과 지원 시스템을 운영하기 위해 대학 내에 상당히 많은 행정 인력이 있습니다. 학과장, 처장, 국장, 소장, 학장, 부총장, 총장과 같이 다양한 직책을 가지고 별도의 임무를 수행하는 분들이 있습니다.

칼리지와 유니버시티의 차이	
칼리지	유니버시티
4년제 학부 과정	여러 교육 단위의 집합체, 그중에 칼리지라 부르는 학부 과정이 포함되어 있음
학사학위만 제공	학사학위뿐만 아니라 석사학위와 박사학위도 제공
모든 학생은 대학생(학부생)	학생은 대학생과 대학원생으로 구성됨
교수는 강의 임무 외에 본인이 속한 학문 분야의 연구 활동을 수행할 수도 있고 하지 않을 수도 있음	교수는 본연의 연구 활동을 수행함
	법학, 경영학, 의학, 교육학 등의 전문대학원 과정을 포함함

죄송한데, 혹시 생물학과가 어디에 있나요?

어떤 생물학이요? 화학생물학? 진화생물학? 종양생물학? 분자생물학?
의생물학? 생물물리학? 생물통계학? 생화학? 아니면 그냥 생물학이요?

이분들은 대개 어느 학과에 소속된 교수들이며, 강의를 하면서 별도의 임무를 병행하기도 하지만, 이분들에게는 강의가 가장 중요한 임무는 아닙니다. 이분들은 모두 각자의 사무실과 행정 인력을 가지고 있습니다. 이는 곧 더 많은 건물이 필요하다는 것을 의미합니다. 그래서 대규모의 유지 보수 인력이 필요하게 되고, 종종 새로운 건설공사가 진행되기도 합니다.

연구가 뭔가요?

연구. 이 용어는 대다수의 사람들에게 애매한 용어입니다. 만일 여러분이 새로운 노트북을 구입하려고 한다면, 아마도 인터넷으로 노트북에 대해서 연구하겠지요. 그리고 많은 학생이 리포트 과제를 받으면 과제를 하는 것이 연구라고 생각하기도 합니다. 선호하는 검색 사이트나 전자도서관을 통해 필요한 자료를 찾을 수 있습니다. 하지만 진정한 학문 연구는 매우 힘든 작업입니다. 교수는 보통 대학원 과정이나 그 이후에 이어진 경력 과정에서 비롯된 일련의 연구 결과물이 논문으로 발표되지 않으면 대학 교수로 채용될 수 없습니다. 교수라는 직업은 자신의 분야에서 지식 영역을 확장시키는 독창적인 업적을 만들어 내는 것입니다. 이 분야의 다른 전문가들이 그 연구 결과가 중요하고 새로운 것인지를 판단하기 위해 심사합니다. 그 이후에야 비로소 연구 결과를 학술지에 논문으로 발표할 수 있습니다.

모든 학문 분야의 교수는 각자 다른 연구를 합니다. 연구실에서 보호안경을 착용하고 실험용 비커를 이용하는 사람만 연구하는 것이 아닙니다. 정치학자는 외국 정부의 조치가 우리 정부와의 관계에 어떠한 영향을 미치는지를 조사하기 위해 국민 여론을 연구합니다. 원예학자는 농업용 화학물이 벌 개체 수에 미치는 영향을 측정합니다. 교육학과 교수는 학업 성취도에 영향을 미치는 과제의 중요성을 분석합니다. 공학 실험실에서는 강도가 높지만 무게는 가벼운 금속을 만들기 위한 합금 비율을 실험합니다. 영문학 교수는 특정 시대, 특정 지역의 시를 분석하여 그 사회의 문화적 관점과의 상관성을 분석합니다. 화학자는 우주 비행체나 인간을 우주 광선으로부터 보호할 수 있는 물질을 실험합니다. 이렇게 연구 분야는 다양하고 무한합니다.

교수는 때로 혼자서 연구를 진행하기도 합니다. 물론 한 명 이상의 동료와 함께할 수도 있습니다. 자신이 소속된 대학에서 연구할 수도 있지만, 다른 대학, 다른 나라에서 할 수도 있으며, 대학생 또는 대학원생과 함께할 수도 있습니다.

연구를 진행한 이후에는 그 결과물을 공유해야 합니다. 교수는 엄격한 심사 과정을 거치는 학술지에 논문을 쓰거나 책을 발행함으로써 그 결과물을 공유합니다. 교수에게 연구 결과물이 논문으로 발표되거나 책으로 출판되는 상황은 매우 뿌듯한 순간입니다.

교수는 보통 자신이 소속된 학과, 대학 또는 다른 대학 혹은 학술 컨퍼런스에서 자신의 연구 내용에 대해 발표합니다. 연구 결과를 논문으로 발표한 실적은 교수라는 직업의 안전성, 급여, 승진을 좌우할 수 있습니다. 고등학교 선생님의 경우에는 보통 최종 학력과 재직 경력에 따른 급여표에 의해 급여를 받습니다. 반면, 대학의 경우는 조금 다릅니다. 학술지의 논문을 통해 발표된 연구 결과는 급여와 승진에 큰 차이를 가져오기 때문에 교수는 자신의 많은 시간을 연구에 할애합니다. 교수 세계에서는 이런 말이 있습니다. "논문을 내거나, 퇴출되거나! Publish or perish!"

연구와 강의 사이의 균형은 학과별로 다를 수 있으며, 교수 개인별로도 천차만별입니다. 어떤 교수는 더 많은 과목을 가르치는 반면에, 어떤 교수는 연구하는 데 더 적극적이기도 합니다.

대학 안에는 연구 프로젝트, 전문 분야 개발, 지역사회 기여 등을 위한 다양한 연구 활동을 지원하기 위해 특별한 기금을 지원받는 조직이 있습니다. 이 조직은 전공을 제공하는 학과가 아니라 협력이 필요한 연구 혹은 특별한 프로젝트를 촉진하기 위해 만들어진 조직입니다. 연구를 돕기 위해 대학원생들을 고용할 수도 있습니다. 다음은 메릴랜드대학 University of Maryland 이 가지고 있는 몇몇 연구 조직의 예시입니다.

- 메릴랜드인구연구센터
- 공동우주과학연구소
- 공공정책철학연구소
- 군사조직연구센터
- 인종–젠더–민족연구협력단
- 환경위원회
- 사회유산자원연구센터

센터와 연구소에서는 무슨 일이 벌어지고 있을까요? 네, 당연히 연구를 하고 있습니다. 각 센터에서는 사회적 질문이나 문제에 대한 답을 찾기 위해 프로젝트를 설계하고 실행합니다. 이 같은 지적 활동이 벌어지고 있는 센터에 참여하는 교수는 센터에서의 의무를 다하기 위해 대학에서의 강의를 줄이기도 합니다.

방송에서 뉴스나 다큐멘터리를 보다 보면 대학 교수가 등장해서 자신이 가진 정보나 견해를 말하는 장면이 자주 나옵니다. 교수 이름 아래 '버지니아대학 정책연구소장'과 같은 직함이 표시됩니다. 이렇게 등장하는 교수들은 그 분야에서 정통한 전문가로 여겨집니다.

연구를 위한 비용은 누가 주나요?

연구비는 기본적으로 보조금 Grant 으로 충당합니다. 보조금은 연구를 지원하기 위해 개인이나 단체에게 주어지는 재정을 의미합니다. 국립과학재단 National Science Foundation 이나 국립인문재단 National Endowment for the Humanities 과 같은 정부 기관, 엑손모빌 ExxonMobil 과 같은 대기업, 하워드 휴스의학연구소 Howard Hughes Medical Institute 와 같은 민간재단으로부터 보조금을 받을 수 있습니다.

이렇게 외부로부터 연구비를 받는 것은 연구 활동을 수행하는 대학으로서는 상당히 중요합니다. 큰 대학에는 매년 수천억 원의 연구비가 외부에서 유입되기도 합니다. 교수는 연구비를 받으면 그 재정으로 본인 급여의 일부를 충당하고, 연구 장비를 구입하거나 출장비로 사용하고, 연구 인력을 고용할 수 있습니다. 대학에도 연구 보조금의 일정 비율이 흡수되므로 교수가 연구비를 받아오는 것은 대학 입장에서도 환영할 만한 일입니다.

교수는 이 보조금을 받기 위해 제안서 proposal 를 작성합니다. 여러분의 지도 교수가 연구비 제안서 제출 기한이 임박해서 바쁘다고 할 경우, 정말 바쁜 상황이 맞습니다. 이 연구 보조금을 받기 위한 경쟁은 치열하며, 연구비 확보는 급여 인상, 승진, 교수직 유지에 필수적입니다. 여러분의 교수가 보조금을 받았다면 연구를 수행하고 연구비를 관리하는 데 상당한 시간이 소요될 뿐만 아니라, 그 결과를 정리하고 보고서로 만드는 데도 시간이 많이 필요합니다.

그렇다면 이렇게 복잡한 대학에서 신입생은 과연 어떻게 해야 할까요? 대학은 복잡하게 얽혀 있는 거미줄 같은 곳입니다. 대학 시스템에 익숙하지 않은 신입생이라면, 자신이 넓은 잔디밭의 풀잎 한 가닥처럼 느껴질 수 있습니다. 여러분은 대학이 어떻게 돌아가는지, 여러분이 필요한 도움을 어떻게 얻을 수 있는지 알아야 할 필요가 있습니다. 조언을 얻기 원한다면 이 책을 좀 더 읽어 보기 바랍니다.

제2장

여러분이 주인공입니다! : 개인의 책임

미적분학 과목의 수강생이었던 한 학생이 저를 부르며 도서관 로비를 가로질러 달려왔습니다. 타일러는 숨 가빠하며 자신이 모든 수업에서 A를 받았다고 했습니다. 그러면서 지난해 수업 시간에 제가 학생들에게 조언한 내용을 모두 실행했던 덕분이라고 했습니다.

"내가 뭐라고 했는데?" 제가 놀라서 물었습니다. 제가 평소 알고 있는 것보다 더 효과가 뛰어난 성공의 묘약을 알려줬던 걸까요?

"모든 수업에 결석하지 말고, 모든 과제를 빠뜨리지 말라고 하셨어요!" 그 학생이 대답했습니다. '흠… 정말 놀라운 비법이군.' 하고 저는 생각했습니다.

"그런데요." 학생이 덧붙였습니다. "죄송하지만, 교수님 과목에서는 그렇게 하지 못했어요. 그때는 새로 가입한 동아리가 너무 많았고, 새로운 사람도 만나야 했고, 기숙사에서는 밤늦게까지 이야기를 나누느라 … " 네, 저에게는 유감이긴 했지만, 놀랄 만한 일도 아니었습니다.

여러분은 대학에 가기 위해 열심히 공부했습니다. 일단 여러분이 대학 생활을 어떻게 해야 하는지 이해하게 되면, 대학에서 시간을 최대한 활용하는 것은 바로 여러분에게 달려 있다는 것을 깨닫게 됩니다. 성공할 수도 있고 실패할 수도 있습니다. 고등학교처럼 이래라저래라 하는 사람은 없습니다. 대신 대학에는 고등학교와 다른 많은 규칙과 요구 사항들이 존재합니다. 그것이 무엇인지 알아내고, 그것들을 본인의 노력을 활용하는 데 사용하는 것은 순전히 여러분의 몫입니다.

먼저 대학생과 대학 교수가 서로 기대하는 바를 살펴보면 도움이 됩니다. 몇 가지 예시를 들어 보겠습니다.

학생이 교수에게 갖는 기대

- 교수에게 가장 중요한 일은 과목을 가르치는 일이다.
- 교수는 학생이 알아야 하는 것을 모두 알려주어야 하고, 이해시켜 주어야 한다.
- 교수는 학생의 이름을 모두 알고, 개인적인 관심도 가질 것이다.
- 교수는 마감 시한을 재차 알려줄 것이다.
- 교수는 중요한 과제에 대해서 학생이 잘 제출할 수 있도록 도움을 줄 것이다.
- 교수는 학생이 모든 리포트와 읽기 과제를 완수했는지 항상 체크할 것이다.
- 교수는 리포트 마감 시한 연장이나 추가 점수와 같은 보완 기회를 줄 것이다.
- 교수는 모든 시험 내용을 강의 시간에 복습해 줄 것이다.

안타깝지만, 이런 기대는 갖지 않는 것이 좋습니다. 고등학생으로서 받았던 격려와 관심을 기대한다면 오산입니다.

- 학생은 성인이며, 자기 관리를 스스로 잘한다.
- 학생은 자신의 선택에 의해 대학에 진학했다.
- 학생은 고등학교에서 성공적인 대학생활을 위한 단체 활동 능력과 학습 능력을 개발시켰다.
- 학생은 성적에 반영되지 않더라도 모든 과제와 읽기 과제를 수행한다.
- 학생은 학습에 열정이 있기 때문에 단순히 가르침을 받는 것보다 스스로 학습하는 것을 좋아한다.

반대로 교수들은 학생들에 대해서 위와 같이 기대합니다. 여러분이 교수의 기대를 충족시키지 못한다면, 교수들은 실망하겠지요. 하지만 여러분이 부족하다는 뜻이 아닙니다. 여러분은 단지 대학 시스템을 제대로 이해하지 못했을 뿐입니다.

대학생활을 잘하려면 어떻게 해야 할까요?

여러분은 고등학교 시절과 비교해서 스스로 많은 일을 하는 데 익숙해져야 합니다. 이는 성공적인 대학생활을 위한 가장 핵심입니다. 다음 내용은 여러분에게 도움이 될 만한 제안입니다.

강의실 위치를 미리 알아 놓으세요. 최소한 수업이 시작되기 하루 전에는 모든 교실 위치를 확인해 놓으세요. 캠퍼스 안에는 큰 건물들이 많고 내부의 강의실 배치도 익숙하지 않을 것입니다. 제시간에 도착할 수 있도록 강의실 이동에 필요한 시간을 체크해 두세요. 자전거로 통학한다면, 미리 각 건물의 자전거 보관대 위치를 확인해 놓는 것도 필요합니다.

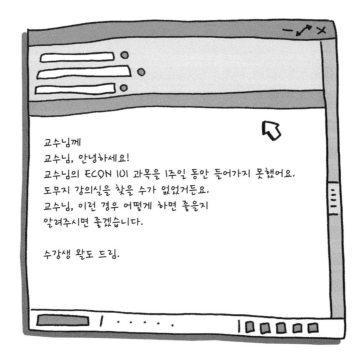

교수님께
교수님, 안녕하세요!
교수님의 ECON 101 과목을 1주일 동안 들어가지 못했어요.
도무지 강의실을 찾을 수가 없었거든요.
교수님, 이런 경우 어떻게 하면 좋은지
알려주시면 좋겠습니다.

수강생 완도 드림.

강의 첫날은 중요한 정보가 대부분 안내되는 날이므로 이를 놓칠 수 있는데도 개강일에 지각하려는 사람은 없겠지요. 조금 일찍 도착해서 다른 수강생에게도 수강 신청한 과목의 강의실이 맞는지 한 번 더 확인해 보세요.

만일 개강일 이후에 수강 과목을 추가했다면, 스스로 그 공백을 채우도록 노력해야 합니다. 교수를 찾아가 자신이 과목을 추가하게 된 사정을 설명하고 강의계획서를 받아, 수업에 참여할 준비를 해야 합니다. 이렇게 하는 것은 교수에게 긍정적인 인상을 주기도 합니다.

모든 수업에 출석하세요. 누구도 출석 여부에 대해 가타부타하지 않습니다. 출석하고 안하고는 순전히 여러분에게 달려 있습니다. 수업에 출석하지 않고 강의 자료만 읽어도 된다고, 혹은 수업 막바지에 벼락치기를 할 수 있다고 생각하는 학생들이 있지만, 대개는 효과가 없습니다. 여러분이 대학의 고객이기 때문에 수업료를 납부하고서도 출석하고 싶지 않다면, 그래도 됩니다. 어느 누구도 여러분의 부모에게 결석을 알리지 않습니다. 하지만 성공적인 대학생활을 위해 여러분이 할 수 있는 가장 기본적인 것은 바로 수업에 출석하는 것입니다. 저의 경험을 비추어 보아도, 출석률이 낮은 학생에게 좋은 성적을 준 적이 없습니다.

교과서를 읽으세요. 같은 내용을 강의에서 다루게 되더라도, 자료를 읽어가는 것은 여러분의 이해를 강화하고 확장시켜 줄 것입니다.

모든 리포트와 과제를 충실하게 하세요. 여러분의 교수가 과제를 내준 후에 확인하지 않는다고 해도 그 과제를 하지 않아도 된다는 것을 의미하는 것은 아닙니다. 과제라는 것은 그 과제를 충실히 수행하면 성적에 반영되는 시험에 자연스레 대비되도록 고안된 것입니다. 아무도 지켜보는 사람이 없기 때문에 학생 모두가 주어지는 과제, 교과서 읽기, 문제풀이를 충실하게 하는 것은 아닙니다. 하지만 결국 이는 학생에게 불리하게 작용합니다. 강의 시간에 시험에 나오는 모든 것을 다루지는 않기 때문입니다.

수강하는 과목을 위해 수업 시간보다 더 많은 시간을 할애할 필요가 있습니다. 대학 과정은 고등학교 과정보다 배우는 내용에 비해 수업 시간은 매우 짧습니다. 수업 시간에 길게 설명해주지 않았는데, 이어지는 강의 시간에 계속해서 그 내용을 다루기도 합니다. 또한 정해진 강의 시간 안에 토론, 보고서 발표, 실습 등과 같은 수업 활동이 끝나지 않습니다. 과제를 완료하고, 교과서를 읽고, 강의를 준비하고, 강의 노트를 복습하는 일에 여러분의 시간을 할애할 필요가 있습니다. 다음 강의 전에 이전 강의 내용을 확실히 이해하고 있어야 합니다.

강의계획서 syllabus **를 철두철미하게 읽어 두세요.** 강의계획서는 여러분의 학습 내용과 마감 시한을 알려주는 안내서입니다. 개인 일정표를 관리하고, 마감 시한은 꼭 표시해 두어야 합니다. 강의계획서를 숙지하고 있다면, 꼭 해야 할 일은 놓치지 않습니다. 강의계획서에 대한 내용은 제5장을 참고하세요.

모든 공지사항을 잘 체크하세요. 교수가 강의 웹페이지에 공지사항과 과제를 게시하면, 수강생은 그 내용을 잘 읽고 지시 사항을 따라야 합니다.

오피스 아워 office hours **에 찾아가세요.** 오피스 아워에 찾아가는 것은 전적으로 본인의 선택 사항입니다. 하지만 강의실을 벗어나 교수와 대화하는 시간을 갖는 것은 학생에게 큰 도움이 됩니다. 실제로 찾아가기 위해서는 여러분이 정말 큰 용기를 내야 하는 일이지만, 충분히 그만한 가치가 있습니다. 오피스 아워에 대한 내용은 제8장을 참고하세요.

수업을 위한 스터디 그룹을 만들어 보세요. 모든 과목에 최소 한 명의 다른 수강생과 정기적으로 교류해보세요. 그 친구가 가진 다른 관점이 여러분에게 도움이 될 수 있습니다.

만일 수업 시간에 출석하지 못했다면, 친구에게 강의 노트를 받아보세요. 결석을 했다면, 다른 수강생으로부터 강의 노트, 유인물, 공지사항을 받아볼 수 있습니다. 여러분이 강의에 결석할 수밖에 없는 합리적인 이유가 있었다고 하더라도 교수가 여러분의 강의 공백을 메꾸도록 도와줄 것이라고 기대하지는 마세요. 수업 시간에 무슨 일이 있었는지를 알아내는 것은 순전히 여러분의 몫입니다. 결석 때문에 놓친 퀴즈 시험이나 실험 결과가 성적에 반영되더라도 만회할 방법은 없습니다.

수업을 위한 준비를 하고, 수업에 들어가세요. 교과서에 표시를 해두거나, 과제물에 의견을 표시해 놓는 방식으로 질문을 준비해 오면 더욱 좋습니다. 강의 시간을 그저 앉아서 시간을 때우거나 수동적으로 지식을 주입받는 시간이 아닌, 진정한 학습 시간으로 만들어 보세요.

일부 교수들은 학생들이 수업 준비로 교과서를 미리 읽거나 영상을 시청하도록 하는 '플립 러닝 flipped classroom ' 방식을 운영하기도 합니다. 그러면 강의 시간에는 자료를 분석하거나 적용해보는 보다 더 진전된 학습이 이루어집니다. 그런데 만일 그날의 수업 준비를 미리 하지 못했다면, 그 수업은 놓쳐버린 것과 같습니다. 강의 형태가 '플립 러닝'이 아니더라도, 여러분은 미리 수업을 준비할 수 있습니다.

준비물을 잘 챙기세요. 준비물은 단지 노트, 필기구, 계산기뿐만 아니라 강의계획서에서 학생에게 필요하다고 언급된 모든 것을 의미합니다. 고등학교에서는 선생님이 필요한 물건을 챙겨주셨을 수도 있지만, 대학에서는 모두 스스로 준비해야 합니다. 필요한 물건을 모두 꼼꼼히 챙기세요. 물론 노트와 펜은 필수입니다. 클립이나 미니 스테이플러 같은 문구류도 학습 자료를 정리하는 데 도움이 됩니다.

공지사항을 따르세요. 과제를 시작하기 전에 공지사항을 꼭 읽어보세요. 그리고 과제를 모두 마친 후에는 공지사항의 내용과 비교해 보기 바랍니다. 공지된 내용과 다르게 했다면, 교수 눈에는 대충한 것처럼 보이거나 부주의하게 보여서 결국에는 성적에 영향을 미칠 수 있습니다. 공지된 내용 중에서 한 부분을 빠뜨렸더라도 나중에 다시 제출할 수 있는 기회는 주어지지 않습니다.

긴 시간이 필요한 과제는 일찍 시작하세요. 고등학교에서는 작문 숙제를 제출일 직전에 급하게 했어도 적당한 성적을 받을 수 있었습니다. 그러나 이런 습관은 대학 과정이 요구하는 높은 기대치와 까다로운 판단 기준을 감안하면 오히려 역효과를 가져올 수 있습니다.

도움이 필요하면 요청하세요. 과제를 일찍 시작했다면 자신에게 어떤 도움이 필요한지 미리 알 수 있으며, 여러분은 오피스 아워에 교수를 찾아가거나 글쓰기 센터를 찾아가 도움을 청할 수 있습니다. 그러나 마감이 임박해서는 이런 도움을 받을 수 있는 곳이 없습니다.

질문을 언제, 어떻게 해야 하는지를 배우세요. 여러분이 낯선 곳에 방문하면, 찾아가려는 장소의 방향을 물어보아야 하지 않을까요? 대학 과정은 여러분에게 그만큼 새로운 영역이기 때문에 더 많은 질문을 해도 괜찮은 곳입니다. 사소한 질문까지도 괜찮습니다. 예를 들어, 교수가 수업 시간에 "절판된 책이지만 지정도서로 도서관에서 관리 중이다."라고 말씀하셨는데, '지정도서'라는 의미를 잘 모르겠다면, 질문하면 됩니다. 만일 강의 시간 도중에 물어볼 수 없을 만큼 소심한 성격이라면, 강의 직후에 따로 질문해도 괜찮습니다.

질문은 구체적으로 하세요. 시험 전날 교수에게 메일을 보내서 '아무것도 이해가 되지 않습니다.'라고 말하는 것은 당황스러운 일입니다. 일찍 물어보는 것이 좋습니다. 여러분이 이해가 되지 않는 부분을 정확히 설명하고, 여러분이 이해하기 위해서 노력한 내용을 설명한 후에 도움을 구하는 것이 순서입니다. 문제가 발생하는 즉시 이 순서대로 하면 그다음은 훨씬 쉬워집니다. 그렇지 않으면 혼란은 더 쌓여 갑니다.

풀리지 않는 문제를 붙들고 너무 시간을 낭비하지 마세요. 때때로 여러분의 중요한 책임 중 하나는 생산적인 때와 생산적이지 않은 때를 구분하는 것이기도 합니다. 한 학생이 저를 찾아와서 한 문제 때문에 몇 시간을 허비했다고 말한 적이 있습니다. 15분 이상 소비했어도 해결되지 않은 문제는 생산적이지 않을 가능성이 있습니다. 그럴 때는 일단 멈추고 다른 방법을 시도해 보길 바랍니다. 다른 학우와 이야기해 보거나 튜터링 센터 또는 교수를 찾아가 보는 것이 좋습니다.

수업 시간 외에도 공부를 할 준비를 해야 합니다. 수업 시간에 시험 치기 전 모든 내용을 복습할 수 있을 것이라고 기대하면 안 됩니다. 수업 시간 외에 교수가 강의 내용을 복습해주는 시간을 별도로 가질 수도 있습니다. 꼭 가야 할 의무는 없지만, 가는 것이 현명합니다. 여러분 스스로 학습하는 데 도움을 받을 수도 있고, 연습 문제를 익힐 수도 있습니다. 그러나 정답은 주어지지 않을 수 있습니다. 교수들은 여러분이 그저 답을 줄줄 외우는 것을 원하지 않습니다.

필요한 도움을 받을 수 있도록 시험 공부를 일찍 시작하세요. 일부 교수는 시험 보기 직전에 이르러 질문이 쏟아지는 것을 막기 위해 시험에 앞선 몇 시간 전부터는 질문 메일에 답하지 않기도 합니다.

열심히 한 만큼 좋은 결과를 얻습니다. 높은 수학능력시험 점수가 여러분의 대학 성적을 보장하지 않습니다. 대학에서 가장 성공적인 학생들은 부지런하고, 양심적이고, 근면하고, 성실한 학생입니다.

한 학생이 "저는 의예과 학생이어서, 이 과목에서 A학점이 필요합니다."라고 말한다면 저는 "A학점을 받으려면 열심히 해야 합니다."라고 말해 줍니다. 성공적인 학생은 자신이 좋은 성적이 필요하다고 말하지 않을 뿐더러 "이 수업에서 A학점을 받으려면 어떻게 해야 하나요?"라고 묻지도 않습니다. 그들은 그저 양심적으로 성실하게 공부하고, 좋은 성적을 받아냅니다.

여러분이 장학금을 유지하기 위해 일정한 성적이 필요하거나, 학사경고를 면해야 하는 상황이라면 여러분의 교수와 상의하는 것이 좋습니다. 학문을 위한 태도를 분석해 주고, 개선할 수 있는 조언을 받을 수 있습니다. 빠르면 빠를수록 더 좋아질 수 있습니다. 최종 성적이 발표되고 나면, 이미 늦습니다.

도움을 거절하지 마세요. 교수가 여러분에게 좀 더 시간을 준다면, 효과적으로 이용해야 합니다. 보고서 제출 기간을 연장해 주었는데 그 기간을 맞추지 못했다면 여러분은 다시는 기간 연장을 받지 못할 것입니다. 그리고 교수가 마감 3일 전에 리포트 초안을 제출하면 초안에 대한 피드백을 줄 수 있다고 제안했는데도 그 제안에 응하지 않는다면 여러분이 제출한 리포트에 부정적인 피드백이 있더라도 감수해야 합니다.

나의 잘못을 남의 탓으로 돌리지 마세요. 각 과목의 수업이 끝나는 종강 시기가 다가오면 학생들이 수강 과목과 강의 교수에 대해 강의평가를 하는 절차가 있습니다. 교수들은 학생들이 성적이 좋지 않을 때, 자기 자신보다 다른 탓을 하는 경우가 많다고 자주 이야기합니다. "교수님이 이 과제를 꼭 제출해야 한다고 말해주셨다면, 나는 제출했을 텐데 말씀을 안 하셔서 제출하지 못했다." 또는 "교수님은 학생에게 제출할 리포트를 교정한 후에 제출하라고 하신 적이 없다.", "시험이 너무 어려웠다.", "알람이 울리지 않았다.", "내 메일 계정에 문제가 있었다.", "몸이 아파서 결석했기 때문에 그날의 공지를 듣지 못했다." 등 학생들이 강의평가에 적은 이런 의견들은 변명에 불과합니다.

시작이 좋지 않아도 만회할 수 있습니다. 대학생활을 파악하고 익숙해지는 데 적응 기간이 필요할 수 있습니다. 어느 길이나 굴곡이 있지만, 극복하기로 마음먹으면 잘 해낼 수 있습니다.

1973년에 개봉한 〈하버드 대학의 공부벌레들 The Paper Chase 〉이라는 영화가 있습니다. 하버드 법대 신입생이 '계약법' 과목 첫 시간에 황당한 상황에 처했습니다. 첫 수업 시간에 참석하기에 앞서 미리 읽고 와야 할 내용이 게시판에 게시되었다는 사실을 그 학생은 알지 못했습니다. 교수는 학생에게 그 내용에 대한 자신의 의견을 제시해 보라고 했습니다. 학생은 매우 놀랐고, 준비가 안 되어 당황했습니다. 이 상황을 경험한 학생은 다음과 같은 선택을 할 수 있습니다.

1. 개강하기도 전에 게시된 내용을 미리 확인하기가 어려웠다고 불평한다.
2. 이 과목을 수강 취소drop 한다.
3. 남은 수업 기간 동안 열심히 노력해서, 개강일에 봤던 그 무기력했던 학생이 아님을 증명해 교수에게 보인다.

여러분이 위 선택지에서 3번을 선택했다면, 잘하셨습니다. 여러분의 대학 과정에 이런 순간을 만날 수 있습니다. 이 순간에 포기하지 않고, 여러분의 노력으로 잘 극복해 나가면 됩니다.

요약해 보겠습니다. 여러분이 선택한 과목에서 좋은 성적을 얻는 것은 교수님의 몫이 아닙니다. 여러분의 책임감 있는 습관이 대학생활의 성패를 좌우합니다. 여러분이 대학 졸업장을 얻기 위해 비용을 지불했더라도, 비용 지불에 대한 만족까지 보장되지 않습니다. 노력을 쏟은 만큼 얻을 수 있습니다. 대학은 무엇이든지 할 수 있는 자유로움과 하고 싶은 것들로 가득 채워져 있습니다. 그러나 여러분의 학문적인 성공을 위해 우선순위를 균형 있게 조정할 필요가 있습니다.

제3장

교수는 누구인가요?

고등학교 선생님을 저의 학생으로 두고 지도했던 적이 있습니다. 그 선생님은 수업을 참관하기 위해 교실 뒤편에 앉은 저를 자신의 수업을 보기 위해 방문한 교수라고 학생들에게 소개했습니다. 잠시 후에 제 앞에 앉아 있던 한 학생이 몸을 돌려 조용히 물었습니다. "교수가 뭐예요?"

이 질문에 가장 간단한 대답은 '교수는 대학에서 가르치는 사람'이라는 것입니다. 하지만 대학에는 여러 종류의 교수들이 존재하고, 이를 통칭하여 '교원 faculty'이라고 부릅니다. 그러면 이제부터 조금 복잡한 대답을 시작해 보겠습니다.

교수의 종류

대학 안에는 다양한 배경과 책임, 지위를 가지는 여러 종류의 교수가 존재합니다. 대략 두 부류로 구분할 수 있으며, 대개 트랙 track 이라는 표현을 사용합니다. 가장 일반적인 예시는 다음 표와 같습니다.

영년직(Tenure) 트랙 (3단계)		비영년직(Non-tenure) 트랙 (단계 없음)
교수(또는 정교수) (professor 또는 full professor)		강사 (instructor 또는 lecturer)
부교수 (associate professor)		겸임교수(또는 겸임강사) (adjunct professor 또는 adjunct instructor)
조교수 (assistant professor)		객원교수(또는 초빙교수) (visiting assistant professor)

영년직 트랙[5]: 영년직은 정년 때까지 그 직위를 유지한다는 것을 의미합니다. 매우 심각한 부정행위가 있을 경우에만 교수직에서 해고할 수 있습니다. 영년직 트랙의 교수는 영년직을 얻기 위해 수년(대개의 경우 6년) 동안 노력합니다.

- **조교수**: 조교수는 전임교수이지만 아직 영년직이 아닌 상태이며, 언젠가는 그 영년직을 얻기를 원하는 교수입니다. 그래서 조교수는 연구 결과를 발표하기 위해 열심히 연구하며, 좋은 강의평가를 얻기 위해 노력하고, 대학의 각종 위원회에서도 활동하면서 자신이 속한 학계에서 어느 정도 인정을 받기 위해 열심히 일해야 한다는 것을 의미합니다.

- **부교수**[6]: 보통 영년직 심사를 거쳐 영년직 부여와 함께 부교수가 됩니다. 심사 결과가 성공적이지 못하고 영년직이 거절된다면, 소속 대학과 재계약을 진행할 수 없게 됩니다. 이는 교수 개인에게 엄청난 충격입니다. 어떤 교수는 새로운 대학에서 다시 시작하기도 하지만, 어떤 교수는 학계를 떠나 새로운 직업을 찾기도 합니다. 만일 여러분이 영년직 심사를 앞둔 부교수를 알고 있다면, 엄청난 스트레스

◇◇◇◇◇◇◇◇

5 옮긴이. 국가별 혹은 대학별로 영년직 트랙의 종류와 운영 기준은 서로 다름.
6 옮긴이. 국내에서는 보통 영년직 트랙의 교수로 임용된 후, 일정 기간 내에 영년직 심사를 받도록 되어 있음. 그 일정 기간은 대학별로 상이함.

를 받고 있다는 사실을 염두에 두어야 합니다. 모든 대학과 학과는 승진 기준이 각기 다르기 때문에 그 결정도 상당히 주관적일 수 있습니다. 여러분도 희망하는 대학에서 합격 소식을 듣기까지 상당히 스트레스를 받았던 것처럼 말이지요!

- **교수**(또는 정교수): 교수는 영년직 트랙에서 가장 높은 단계의 직위입니다. 영년직을 획득하여 교수로 승진하는 것은 영광스러운 일입니다. 보통 영년직을 얻기 위해서는 뛰어난 연구 결과와 논문 발표, 우수한 강의평가, 많은 연구비 확보 등이 필요합니다. 더 비교할 수 없이 영예스러운 일은 소속된 학과에서 석좌교수endowed chair 직을 얻는 것입니다. 한 대학에서 부교수로 수년간 근무했다고 해도 자동적으로 교수가 되는 것은 아닙니다.

비영년직 트랙: 이 트랙에 속하는 교수들은 재임기간을 정하여 근로계약을 맺습니다. 보통 전임 강사일 수도 있고, 시간 강사일 수도 있습니다.

- **강사**: 보통 강사라는 직위는 대학과 연간 단위로 계약을 체결하여 고용된 사람을 일컫습니다. 이 계약은 일회성일 수도 있고 재계약이 될 수도 있습니다.
- **겸임교수**(또는 겸임강사): 겸임교수는 모두 특별한 혜택이 없는 '시간 강사'를 나타내는 고상한 표현입니다. 보수는 각자가 가르치는 과목 수에 따라 정해집니다. 일반적으로 상당히 낮은 보수를 받으며, 직업 안전성이 매우 취약합니다. 보통 한 학기 또는 두 학기 정도만 가르치게 됩니다. 때때로 겸임교수는 상당한 전문성을 갖춘 인물이나 전문가를 한 과목 정도를 가르치기 위해 모셔 오는 경우가 있습니다. 예를 들어, 지역구 의원이 공공정책 관련 과목을 가르치거나 지역의 교육감이 교육자의 리더십을 가르치는 경우가 있습니다. 또한

학생 가르치는 것을 즐거워하는 은퇴 교수일 수도 있습니다. 가장 흔한 경우는 아직 영년직 트랙의 교수로 채용되지 못했기에 생활비를 벌기 위해 가르칠 수 있는 모든 곳에서 여러 과목을 가르치는 경우입니다. 이 경우 겸임교수는 자신이 강의하는 대학 중 어느 한 곳에서라도 전임교수가 되기를 간절히 원합니다. 대학은 예산을 아끼기 위해 겸임교수를 고용하는 경우가 종종 있습니다. 전임교수 한 명을 채용하는 비용으로 겸임교수를 고용하면 여러 과목을 개설할 수 있습니다. 겸임교수는 위원회의 위원으로 활동하거나 연구를 할 수 없습니다. 겸임교수의 역할은 오로지 교육에만 있습니다. 이 점은 학생 여러분 입장에서는 장점일 수 있지만, 다른 한편으로 겸임교수는 강의 시간 외에는 캠퍼스에 없을 가능성이 크기에 여러분이 도움이 필요할 때 겸임교수를 만나기가 어려울 수 있습니다. 겸임교수는 대개 다른 여러 대학에서도 강의를 하거나, 가르치는 일 외에 다른 분야에서 정규 직원으로 일하기도 합니다.

- **객원교수**또는 초빙교수: 객원교수도 영년직 트랙에 속하지 않기 때문에 임시직에 속합니다. 예를 들어 1년 동안 자리를 비우는 교수를 대신하여 가르치거나, 일회성 예산이 확보되어 급여를 충당하게 되는 경우입니다. 객원교수가 1년 이상 캠퍼스에 있을 수도 있습니다. 하지만 장기적으로 캠퍼스에 머무를 수 있는 직책은 아닙니다. 만일 겸임교수나 객원교수로부터 추천서를 받고 싶다면 다음 학기나 다음 해에는 캠퍼스에 없을 수도 있으니 그분들이 계실 때 추천서를 요청하는 것이 좋습니다. 대학원생이 강사로 일하는 경우도 있습니다. 대학은 대학원생에게 일정 부분 의무를 부과하고 이를 대가로 재정 지원을 하는 경우가 많이 있습니다. 신입생을 대상으로 하는 글쓰기, 대수학 혹은 실험 과목 등에서 입문 과정을 대학원생이 가르치기도 합니다. 대학 차원에

서 대학원생들이 대학생을 잘 가르칠 수 있도록 도와주는 경우도 있지만, 많은 대학은 스스로 할 수 있도록 맡기는 경우가 많습니다.

이 책의 나머지 부분에서는 '강사', '교수', '교원'이라는 용어를 상황에 맞게 사용할 예정입니다.

교수님 중에 누가 영년직 교수인지, 아닌지 알아?

아니, 우리 과에는 젊은 교수, 나이 많은 교수만 있는 걸로 아는데?

교수님을 어떻게 불러야 할까요?

조금 혼란스러울 수도 있습니다. 박사 학위(PhD, EdD 등)를 가지고 계신 분이라면, '박사님'이라는 호칭이 적절합니다. 그러나 대학에서 강의를 하는 모든 분이 박사 학위를 가지고 있는 것은 아닙니다. 박사 학위를 가졌는지 여부를 확실히 알지 못한다면, 강의하시는 분을 '교수'라고 부르는 것이 가장 안전합니다. 어떤 대학에서는 모든 교원을 '교수'라고 부르기도 합니다.

다행스럽게 여러분이 수강하는 과목의 첫 시간에 교수가 자신을 어떻게 불러야 할지 말해 줄 수도 있습니다. 어떤 교수는 매우 격식을 차리기도 하고, 어떤 교수는 격식에 얽매이지 않기도 합니다. 어떤 교수는 대학원생에게 자신을 이름으로 편하게 부르라고 하기도 합니다. 하지만 학부생도 그렇게 할 수 있다고 생각하면 안 됩니다. 물론 흔하지 않지만, 교수 스스로가 그렇게 요청할 수도 있습니다. 여러분이 교수를 편하게 부르는 것이 조금 불편하다면, 조금 격식을 갖추어 부르는 것이 누구에게나 용인되며, 가장 안전합니다. 여러분이 만나는 의사를 이름으로 부르지 않고, 과속 단속하는 경찰관이나 법원의 판사를 편하게 부르지 않는 것처럼 직함은 최소한의 존경의 표시입니다.

호칭을 이름으로 부를 수 있는 곳은 대학원생이 조교가 되어 담당하는 연구실이나 소규모의 토론 공간에서입니다. 대학원생 스스로가 학생일뿐더러 직함으로 불리는 것을 불편해 할 수 있습니다. 대학원생이 자신을 어떻게 불러야 할지 일러 줄 것입니다. 다만 여러분과 나이 차이가 크지 않고, 정규 수업처럼 느껴지지 않는다고 해서 너무 편하게는 대하지 않도록 해야 합니다. 조교 또한 여러분을 지도해 주는 분이기 때문입니다.

언젠가 한번 여성 대학원생 조교에게 불평을 들은 적이 있습니다. 연구실에서 신입생들에게 어떤 질문이라도 좋으니 해보라고 했는데, 어느 신입생이 불쑥 "저기요! 전화번호가 어떻게 돼요?"라고 했다고 합니다. 이런 행동은 수업 중에 여러분을 곤경에 빠뜨릴 수 있을뿐더러 여러분이 미래의 직장에서 해고되는 일로도 이어질 수 있습니다. 다시 한번 말하지만, 직함이나 호칭은 존경의 표현이기 때문에 격식을 차리는 것이 가장 안전합니다.

어떻게 교수가 되었을까요?

교수는 자신에게 열정이 있는 분야를 선택하여 학부 과정의 전공 공부를 뛰어넘어 다년간(아마도 최소 6년 이상) 학업에 매진했을 것입니다. 학생이던 시절에는 성실하게 수업을 대비했고, 토론에 적극적으로 참여했을 것이며, 자신의 지도 교수를 멘토로 삼아 늘 학문적인 도전을 거부하지 않는 학생 중 하나였을 것입니다. 또한 모든 수업을 한 번도 결석하지 않고 맨 앞줄에 앉아 성실하게 수강했을 것입니다. 물론 좋은 성적을 받았을 것입니다. 그렇지 않았다면 대학원에 진학하지 못했을 테니까요. 무엇이든 허투루 지나치지 않았을 것입니다.

대부분의 대학 교수는 자신의 분야에서 공부해서 취득할 수 있는 가장 최종 학위를 의미하는 터미널 디그리 Terminal Degree 를 가지고 있습니다. 대부분의 분야에서는 박사 학위 PhD, doctor of philosophy 가 터미널 디그리입니다. 순수예술과 공연예술 분야에서는 예술학 석사학위 master of fine arts 또는 MFA 가 터미널 디그리로 여겨집니다. 그 외 분야에서의 석사학위는 비영년직 트랙의 강사 자격을 얻을 수 있습니다.

교수 중 대부분은 자신이 속한 학문 분야의 연구자입니다. 어떤 면에서 교수는 여전히 학생입니다. 하지만 교수는 그저 정보를 찾아내고 요약하는 일은 하지 않습니다. 교수의 임무는 지식의 경계를 확장시키는 것입니다. 각자의 연구 분야는 영문학, 사회학, 미술사뿐만 아니라, 빅토리아 시대의 운문, 인류의 이주 경로, 이탈리아 르네상스 시대의 예술 등과 같이 매우 특별하면서도 세부적인 분야입니다. 최고의 교수는 이 학문적인 주제에 대한 자신의 열정을 여러분을 포함한 다른 학생과 나누고자 하는 사람입니다. 교수의 웹페이지에 CV[7]가 올라와 있다면, 교수의 성과가 무엇인지, 현재 어떤 일을 하고 있는지 자세히 살펴보기 바랍니다.

교수는 어떤 분일까요?

많은 교수들은 자신의 학생에게 배경 지식, 효과적인 학업 습관, 구술 능력, 수리 능력 같은 면에서 기대가 큰 반면, 학문 분야에까지 영향을 미치는 대중문화의 거대한 트렌드를 이해하지 못할 수 있습니다. 예를 들어, 맞춤법과 같이 세세한 것을 매우 중요하게 생각할 수도 있습니다. 또한 '좋아요 like'와 같은 표현의 오남용을 부정적으로 바라볼 수도 있습니다. 그리고 시험 시간에 계산기 사용을 허락하지 않을 수도 있습니다. 여러분은 이런 점들로 교수는 대체로 '꼰대 old-fashioned'라고 생각할 수도 있지만, 여러분이 성공적인 대학생활을 하고 싶다면 교수의 선호에 주의를 기울일 필요가 있습니다.

대학은 보통 교수에게 유연한 근무 환경을 허락하는 경향이 있습니다. 대학 교수에게는 정해진 표준 '업무 시간'이 따로 없는 편입니다. 어떤 교수는 매우 일찍 캠퍼스에 출근하기도 하지만, 어떤 교수는 느긋하게 출근

◇◇◇◇◇◇◇◇

7 옮긴이. CV는 curriculum vitae의 약자로, 학자들이 사용하는 스스로의 학업과 연구 경력을 소개하는 이력서. CV와 더불어 academic résumé라는 용어도 사용됨.

합니다. 대개의 고등학교는 교직원의 복장 규정이 있지만 대학은 그렇지 않습니다. 저는 계절과 관계없이 늘 반바지와 맨발 차림으로 복도를 거니는 한 교수를 알고 있습니다. 또 매일 세미 정장에 나비넥타이를 매고 출근하는 분도 알고 있습니다.

학생을 위한 헌신 또한 매우 다양합니다. 어느 교수는 학생들의 개별 프로젝트에 기꺼이 조언을 아끼지 않기도 하고, 시험 전에 복습을 위한 시간을 따로 내기도 합니다. 심지어 이를 위해 밤늦은 시간까지 할애하기도 합니다. 하지만 유감스럽게도 근무 시간에도 찾아보기 힘든 교수도 물론 있습니다. 다음 강의 시간에 채점된 답안지를 나누어주는 교수도 있고, 채점이 매우 느린 교수도 있습니다.

어떤 교수는 과제를 늦게 제출하는 것은 절대 용납하지 않을 만큼 세부적인 것에 상당히 집착하면서도 다른 부분에 있어서는 상당히 관대하기도 합니다. 어떤 교수는 수업 중에 아침 식사를 먹을 수 있도록 배려하지만, 어떤 교수는 간식 봉지 소리만 들려도 으르렁거릴 수 있습니다.

대학 문화는 시간의 흐름에 따라 변합니다. 그러나 나이가 많은 교수는 새로운 변화를 따라가지 못할 수도 있는데, 특히 기술과 관련된 부분이 그렇습니다. 한 학생이 처음으로 USB 드라이브에 담긴 문서를 들고 제 연구실을 찾아왔을 때가 기억납니다. 저는 그것이 무엇인지를 전혀 몰랐습니다. 모든 학생이 저보다 먼저 핸드폰을 가졌습니다. 이메일이 처음 상용화되기 시작할 때 저는 아직 충분히 익숙하지 않았기 때문에, 딸에게 보내는 메일을 제 수강생 전체에게 보낸 적도 있습니다. 하지만 교수가 최신 기술에 능숙하지 못하다고 해서 자신의 분야에서도 뒤처지고 있는 것은 아닙니다.

보다 젊은 교수는 여러분의 강한 개성을 더 잘 이해하고, 익숙하게 여길 수도 있습니다. 하지만 때로는 나이가 많은 교수가 받을 만한 존경을 자신도 받고 싶어하는 젊은 교수도 있습니다. 아무리 교수가 친근하고 배려가 넘치더라도, 학생들끼리 교제하며 어울리는 자리에 초대하거나 그것을 편하게 생각하는 것은 현명하지 않습니다. 학생과 교수 사이에 적정한 거리를 두는 것이 최고입니다.

선생으로서의 교수

때때로 자신이 가르치는 내용을 학생들이 전부 다 이해하지 못할 때 어떤 교수는 언짢아할 수 있지만, 또 다른 교수는 개의치 않고 성실하게 설명해 줄 수 있습니다. 예전에 교과서 내용을 칠판에 그대로 옮겨 적었던 교수가 있었습니다. 또 어떤 교수는 학생의 질문을 받고, 질문에 대해 대답하는 것을 몹시 싫어했던 교수도 있었습니다. 여러분이 어떤 교수에게 호감을 느끼지 못한다면, 아마도 교육 스타일이 여러분과 맞지 않는 이유일 수 있습니다. 학기 초에 여러분은 그 과목을 수강 취소하고, 다른 과목으로 수강 정정할 수 있으니, 여러분이 조금 불편하다고 생각된다면 너무 오래 고민하지 않는 것이 좋습니다. 개강 초기에 동일한 과목이라도 다른 교수가 가르치는 다른 반을 경험해 보고, 여러분의 스타일에 맞는 반을 찾을 수 있습니다. 그러고 나서 수강 일정을 변경하는 것도 좋은 방법입니다.

여러분은 대학 강의를 들으면서 다양한 수준의 강의 능력을 맛보게 됩니다. 고등학교 선생님은 교사가 되기 위한 다양한 자격 조건을 갖춘 다음에 교사가 될 수 있는 것과 달리 대학 교수의 경우, 대학에서 학생들을 가르치기 위해 요구되는 자격 요건은 따로 없습니다. 운 좋게도 가르치는 것에 천부적 능력이 있거나, 대학원생일 때 약간의 훈련을 받은 교수들이 있을 수 있습니다. 오히려 대학원생이 교수보다 훨씬 더 잘 가르치는 경우도 있습니다.

미국 대학의 교수는 세계 각지에서 온 분들입니다. 각자의 전문성을 검증해야 하는 의사나 변호사와는 달리, 대학에서 가르칠 수 있는 자격에 대한 유일한 요건은 관련 분야의 대학원 졸업장뿐입니다.

때로 영어가 모국어가 아닌 교수의 억양 때문에 어려움을 겪을 수도 있습니다. 저도 동유럽 출신 수학 과목의 교수 이야기를 들은 적이 있습니다. 몇몇 단어가 그 수업을 듣는 학생들이 잘 알아들을 수 없는 발음으로 설명되었다고 합니다. 한 학생이 결국 그 단어를 알아내서 수업 중에 불쑥 내뱉었다고 합니다. "변수 Variable! 변수! 그거였어!" 함께 수업을 듣는 학생들은 하이파이브를 하고, 엄지손가락을 치켜세우며 반응했다고 합니다. 만일 한 학생이 교수에게 정중하게 그 단어를 칠판에 써 달라고 했다면 좀 더 빨리 오해가 해결되었을 것입니다. 하지만 학생들은 때로 그렇게 요청하는 것을 무례한 행동이라고 생각하기도 합니다.

대학 교수들의 다양한 스타일과 기대에 대처하기 위한 가장 좋은 방법은 학기 초에 세심한 주의를 기울이는 것입니다. 강의계획서를 꼼꼼하게 (제5장을 참고하세요) 읽고, 적힌 내용을 성실하게 준수하는 것입니다. 또한 교수가 은연중에 표현한 말이라도 놓치지 않고 교수가 기대하는 것이 무엇인지 분별한 후에 이를 충족하도록 노력하는 것이 좋습니다. 여러분은 교수의 선호에 주의하고, 존중해야 합니다.

정리하자면 교수는 매우 다양한 배경을 가졌으며, 특색 있는 성격의 소유자입니다. 하지만 매우 흥미로운 사람이니, 강의실 밖에서 교수와 대화하는 것을 주저하지 마세요. 언젠가 취업 면접 때 여러분의 학업이나 진로에 영감을 주었거나 도움을 준 교수가 있느냐는 질문에 맞닥뜨릴 수도 있습니다. 저는 여러분의 대학생활 중에 그 질문에 딱 들어맞는 교수 여러 명을 꼭 만나기를 희망합니다.

제4장

대학은 인생의 발판!

미적분학 중간고사가 끝난 후에 한 학생이 제 연구실에 찾아왔습니다. 그리고 중간고사 범위 안에 있던 문제들 중에 똑같은 문제가 출제되지 않았다고 항의했습니다. 그래서 저는 대학 졸업 후에 만나게 되는 세상에는 대학에서 경험했던 것과 똑같은 것은 거의 없을 것이라고 설명해 주었습니다. 대학에서 얻은 지식, 기술, 능력이 모두 응용되겠지만, 맞닥뜨리게 되는 상황은 매번 새로울 것입니다.

몇 년 동안 특이한 학생들의 행동과 당혹스러운 메일로 곤혹을 느끼면서, 과연 직장에서는 이런 경우 어떻게 처리하는지 궁금해질 정도였습니다. 한동안 제 자신이 변화무쌍한 시대에 유연하게 대처하지 못하는 꼰대가 된 건가 의심도 했습니다. 그러나 저는 젊은 신입 직원들의 태도와 습관에 실망하는 많은 고용주에 대한 기사와 글을 읽었습니다.

저는 학생들의 행동을 대학 졸업 후에 경험하게 될 상황에 빗대어 설명하는 것이 도움이 되겠다고 판단했습니다. 궁극적으로는 대학 졸업장이 무언가를 향한 발판이 될 것이기에 대학이 인생의 다음 단계로 나아가는 학생들의 행동을 교정해주어야 한다고 생각했습니다. 저는 학생들이 졸업 후에 선택하는 진로가 대부분 취업, 군 입대, 대학원 진학일 것이라고 생각했습니다.

학생들이 수업 중에 핸드폰으로 채팅에 열중하는 것을 보고 있노라면, 회사에서 사장이나 고객이 회의 도중에 직원이 채팅하고 있는 모습을 어떻게 바라볼까 생각해 봅니다. 어느 학생이 시험 성적이 만족스럽지 않아 추가 점수를 얻을 기회를 달라고 요청하면, 저는 군대에서 2년에 한 번 치르는 체력 검정 테스트에서 기준을 충족하지 못해서 만회할 수 있는 기회를 더 달라고 요청할 경우 군대에서 어떻게 반응할까 생각합니다. 또한 어떤 학생이 계산 실수로 식빵의 부피로 3,000cm³는 과도하게 크다는 사실을 알아차리지 못할 때, 정확성이 결정적으로 중요한 연구실에서 대학원생으로 일하는 경우 다른 연구원들과 어떻게 연구할 수 있을지를 생각해 봅니다.

이번 장은 대학에 진학하려는 목적을 알아야 한다고 이야기했던 '시작하며: 대학에 왜 가나요?' 부분과 관련이 있습니다. 여러분이 목표로 하는 진로에 대한 큰 그림을 품고 있다면, 여러분이 대학 졸업 후 인생의 다음 단계에서 좋은 성과를 얻을 수 있는 좋은 습관을 개발하고, 혹은 성과를 망쳐버릴 수 있는 나쁜 습관을 피해야 하는 필요성을 느끼게 될 것입니다.

저의 동료 교수 중 한 명은 학생들에게 자주 이런 말을 했습니다. "여러분은 자신의 실수를 교수보다 먼저 찾아내야 합니다!" 이 말은 여러분의 직장에서, 군대에서, 대학원에서 모두 적용됩니다. 1999년 화성기후궤도선 Mars Climate Orbiter 은 잘못된 측정단위를 사용한 프로그래밍 오류로 인해 파괴되었고 다시는 활용할 수 없게 되었습니다. 만일 여러분이 과제를 풀 때 잘못된 단위를 사용한 까닭에 교수가 상당히 나무랐다면, 덕분에 여러분은 기술을 향상시키고 미래의 재난을 피할 수 있게 도움을 받은 것입니다.

한번은 음악을 전공한 학생이 저에게 취업 면접 질문 하나를 이야기해 주었습니다. "우리나라에는 골프 카트가 몇 대 있을까요?"라는 질문이었습니다. 그 학생은 질문에 당황했고, 자신에게 그런 질문을 하는 것 자체가 불공평하다고 생각했습니다. 저는 당연히 답을 알 수 없는 문제를 맞닥뜨렸을 때, 취업 준비생이 그 문제에 어떻게 접근하는지를 알아보기 위해 그 질문을 했을 것이라는 질문의 목적을 설명해 주었습니다.

직장에는 객관식 문제가 없습니다. 여러분의 고용주는 여러분이 대학을 다닐 때 직장 생활에 필요한 기술과 태도, 지식을 모두 숙달해 왔다고 생각할 것입니다. 더 나아가 교과서에서 알려주는 것보다 자신만의 역량을 대학에서 더 갈고 닦았을 것이라 기대할 것입니다. 몇 가지 예시를 들어보겠습니다.

문제 해결. 새로운 문제는 늘 등장합니다. 실제 삶에서의 극적인 예시는 영화 〈아폴로 13호 Apollo 13〉에서 볼 수 있습니다. 1970년 아폴로 우주선의 상황을 다룬 영화입니다. 산소탱크 폭발로 손상을 입은 후 이산화탄소 수치가 급격히 증가해서 달 탐사 임무가 급작스럽게 취소되었습니다. 그리고 주어진 몇 분의 시간 동안, 지상의 관제사들은 우주 캡슐 내에서 임시방편으로 만들어 사용할 수 있는 필터를 설계하고 그 구조를 우주인에게 설명하기 위해 고군분투했습니다. 이 문제는 이전에 본 적이 없는 문제였지만 관제사들은 결국 해결책을 찾아냈고 다행히 잘 작동했습니다.

직업의식. 고용주는 직원들이 헌신적으로 자신의 일을 수행하고 정해진 시간에 그 일을 마쳐주기를 원합니다. 이는 더 많은 시간과 노력을 투입해야 한다는 것을 의미할 수도 있습니다. 또한 고용주는 직원이 회사를 월급이 꼬박꼬박 나오는 지갑으로 여기는 것이 아니라, 각 직원이 자신의 일에 자부심을 갖기를 원합니다.

    일정 관리. 대학생들은 수업이나, 학교 행사, 교수와의 약속 등 시간을 지키는 일에 다소 서투르기도 합니다. 시간을 지키는 능력은 직장에서 너무나 필수적인 것입니다. 어느 고용주는 "자신이 원할 때 일을 하는 직원이 아니라, 제때에 잠을 자고 일어나 회사에 제시간에 출근해서 일하는 직원을 원합니다."라고 말했습니다. 여러분이 만일 자기 회사를 직접 운영하게 된다면, 편한 대로 일정을 조정할 수 있겠지만, 자기만의 사업을 운영하는 사람들은 어느 누구보다도 더 긴 시간을, 그리고 더 열심히 일합니다. 또한 군대에서는 사수해야 하는 정확한 시간이 있습니다. 오전 6시 30분에 집합할 것을 명령받았다면, 무조건 그 시간을 지켜야 합니다. 그렇지 않으면 군대 조직을 운영할 수 없습니다.

팀워크. 고용주는 한 팀의 구성원으로 일할 수 있는 사람을 원합니다. 팀워크는 군대에서도 필수적입니다. 한 육군 대령이 저에게 이런 말을 한 적이 있습니다. "한 분대의 역량은 가장 취약한 분대원의 역량을 넘어설 수 없습니다."

대학생들은 그룹이나 조별로 활동하는 것을 선호하지 않는 경향이 있습니다. 스스로 일정을 관리하며, 자신만의 결과물을 만드는 것을 좋아합니다. 하지만 여러 구성원들과의 상호작용을 통해 배울 점이 상당히 많습니다. 이 경험을 최대한 활용해야 합니다. 학기가 진행될수록 시간은 촉박해지며, 일정을 조율하기가 힘들어지기 때문에, 가급적 미팅 일정을 빨리 정하는 것이 좋습니다. 직접 만나는 것이 가장 좋겠지만, 요즘은 화상 회의나 그룹 통화도 유용합니다.

긍정적인 태도. 늘 과제가 어렵다고 투정하거나, 마감일이 촉박하다고 불평하는 학생들은 직장에서도 어려움을 겪을 수 있습니다. "어젯밤에 잠을 제대로 자지 못했다."거나 "이 프로젝트에 대한 회사의 기대가 너무 높았다."라고 직원이 변명을 한다면, 그 직원은 그 일을 오래할 수 없을 것입니다. 다른 이들로부터 건전한 비판을 너그럽게 수용하는 것 또한 긍정적인 태도의 일부분입니다.

의사소통 능력. 이 능력은 발표를 하고, 회의에서 자신의 생각을 이야기하고, 고객에게 제품에 대해서 설명을 하고, 군대 작전 중 무선으로 상황을 설명하는 등 많은 일들에 필수적인 능력입니다. 직접 대면해서 대화를 하거나 전화로 대화를 하더라도 더 효과적인 소통을 위해서는 잘 듣는 능력도 필요합니다.

글쓰기 능력. 여러분이 제출한 과제에 대해 교수가 주는 모든 의견과 수정사항은 배움의 기회로 삼아야 합니다. 과제를 제출하기 전에 검토하고 교정하는 과정에 주의를 기울이는 것이 도움이 됩니다. 저는 교사가 되기 위해 공부하고 있는 학생들이 제출한 과제를 검사할 때면, 빨간색 펜으로 철자와 문법, 그리고 어법까지 교정해 주기도 합니다. 제가 가르치는 과목이 수학과목이기 때문에 때로는 제출한 과제의 풀이와 답이 맞으면 됐지, 글쓰기까지 체크하는 것이 다소 과도하다고 학생들이 불평하기도 합니다. 그러면 저는 학생들이 교사가 되기 위해 훈련을 할 때, 스스로가 글쓰기 능력이 부족해서 학부모로부터 꾸중을 받는 미래 학생들의 역할 모델이라고 설명합니다. 자신이 작성한 결재 서류의 철자 오류를 직장 상사가 찾아내 지적하는 것보다 교수로부터 미리 지적을 받고 배우는 것이 훨씬 낫습니다.

마감 시한을 지키는 능력. 고용주는 자기주도적인 인재를 원합니다. 자신이 해야 할 일에 신중한 노력을 기울이고, 제시간에 완수할 수 있는 능력이 필요합니다. 대학생들 중에 미루기의 달인들이 많습니다. 미루고 미루다가 마감 시간 직전에 밤을 지새우는 능력을 발휘하기도 하지만, 결과물이 항상 좋을 수는 없습니다. 혹은 미루다가 마감 시한을 연장해달라고 요구하기도 합니다. 하지만 이런 습관은 직장에서 통하지 않습니다.

일상의 작은 시간 약속을 지키는 것도 똑같이 중요합니다. 예를 들어, 재차 상기시켜주는 안내가 없어도 정해진 미팅에 성실하게 참석하는 것입니다. 이는 개인이 지녀야 할 책임성 중에서 아주 작은 부분처럼 보이지만, 대학생활뿐만 아니라 대학 이후의 삶에서도 매우 중요한 결과를 만들어 냅니다. 여러분이 교수와의 면담 시간을 잡았거나, 회사 임원과의 미팅 시간이 예정되어 있을 경우 일정을 잘 관리하고 시간을 잘 지키면 큰 차이를 만들어 낼 수 있습니다.

네트워킹 능력. 교수의 이름을 알아두고 잘 활용하면 좋습니다. 직장 생활할 때도, 관계되는 사람들의 이름을 알아두는 것은 상당한 도움이 됩니다. 사람들과의 네트워킹은 여러분이 대학을 졸업하는 동시에 아주 중요한 능력이 됩니다. 핸드폰이 생기기 전에 학생들은 강의 시간에 학우들을 만났습니다. 수업이 시작되기 전에 만나 서로 이야기를 나누고, 수업이 끝나면 나가는 길에 또다시 이야기를 나눌 수 있었습니다. 하지만 요즘 학생들은 직접적인 상호작용에 서로 적극적이지 않습니다. 가끔은 핸드폰을 내려놔 보세요. 그리고 여러분의 학우들을 만나고, 그들의 이름을 부르고, 인사하며 이야기를 나눠볼 것을 권합니다.

배우고자 하는 의지. 채용 담당자에게 어떤 인재를 선호하는지를 물은 적이 있습니다. 담당자는 배우는 능력과 더불어 배운 것을 새로운 상황에 적용할 수 있는 능력을 보여주는 인재를 원한다고 했습니다.

그 능력에는 일을 하면서 새롭게 기술을 체득하는 능력도 포함됩니다. 제가 대학생일 때 펀치 카드를 이용해 컴퓨터 코드를 서버에 입력했습니다. 당시에는 개인용 컴퓨터, 워드프로세서, 스프레드시트, 디지털카메라, 인터넷, 휴대폰 같은 IT 기기가 없었습니다. 개인이 가질 수 있는 IT 기기는 계산기를 의미했고, 이마저도 매우 비쌌습니다. 하지만 여러분의 졸업 이후의 삶에는 제가 경험한 기술의 변화보다 더 큰 변화가 있을 것이고, 여러분은 당연히 그 변화에 적응하는 능력을 키울 필요가 있습니다.

창의성과 리더십. 교수가 과제를 주면서, 어떻게 그 과제를 해야 하는지 자세히 설명해 주기를 원하는 학생은 사회에 나가서도 똑같은 도움을 받기를 원하게 됩니다. 결국 어려움에 처할 수밖에 없습니다. 다른 사람들과 아이디어에 대해 토론하는 것은 좋지만, 그 아이디어 중에서 본인의 것이 얼마나 차지하고 있는지 반드시 확인해야 합니다.

준비성. 미리미리 생각하는 태도가 필요합니다. 또한 잘못된 방향을 예측해 보는 것도 필요합니다. 동료 교수의 연구실에 한 학생이 방문해서 종이 몇 장을 달라고 했다고 합니다. 교수는 왜 종이가 필요한지 물었고, 학생은 숙제를 해야 한다고 대답했습니다. 교수는 대학 수업을 들으러 온 학생이 전혀 공부할 준비를 하지 않은 사실에 적잖이 놀랐다고 합니다. 군인인 여러분이 전장에 나가, 전우에게 총알을 깜빡 잊고 안 가져왔다며 좀 빌려달라고 요청하는 장면을 그려봅시다. 또는 고객과의 미팅 자리에서 많은 이야기가 오가는 상황에 고객의 요구사항을 메모할 도구가 전혀 없는 상황을 그려봅시다.

대학원 진학을 고려하나요?

대학원 입학은 경쟁이 치열합니다. 학부 과정에서 우수한 학생들만이 석사 과정과 박사 과정에 진학할 수 있습니다. 대학원에 진학하기 위해 필요한 과목들을 이수해야 하지만, 거기에 멈추지 않고, 자율적인 연구, 글쓰기 능력, 가르치는 능력도 요구됩니다. 많은 대학원 과정이 학자금이나 약간의 보조금과 같은 재정 지원을 해 주지만, 이 혜택은 경쟁을 기반으로 합니다. 여러분이 대학원 입학을 허가받고, 재정 지원까지 받기 위해서는 교수의 적극적인 추천이 필요합니다. 만일 여러분이 대학원 진학을 목표로 하고 있다면, 기업에서 원하는 능력뿐만 아니라 학문적인 능력까지 갖추어야 합니다.

교수가 여러분을 추천하기 위해서는, 그저 여러분의 성적만 아는 것으로 충분하지 않습니다. 여러분에 대해 더 많은 것을 알아야 합니다. 오피스 아워에 교수를 방문해서 만나보는 것을 권합니다. 어떤 과목을 수강하는 것이 좋은지, 인턴 활동이 가능한지 조언을 구해보세요. 학부생 시절에는 교수와 함께 연구 프로젝트를 진행할 기회가 있을 수 있습니다. 그 기회를 살려 스스로가 연구 활동을 얼마나 좋아하는지, 앞으로 어떤 방향의 연구를 하고 싶은지에 대한 아이디어를 얻을 수 있습니다. 이런 연구 경험은 대학원 지원자가 되었을 때 여러분을 더 돋보이게 해 줄 수 있습니다.

대학원에 진학하기 전에 사회생활을 먼저 경험하는 것도 고려해 볼 수 있습니다. 그 경험은 여러분의 목표를 더 구체화시켜 줄 것입니다. 몇 년간 대학을 떠났다가 되돌아오면, 대학원 과정이 자신에게 왜 필요한지 더 잘 알게 될 수 있습니다.

시야를 넓혀 보세요

대학을 졸업하고 나서 여러분이 앞으로 무엇을 하게 될지 아직 모를 수 있습니다. 하지만 아마도 대학교육은 여러분의 경제적 자립을 준비하는 과정이 됩니다. 만일 여러분이 대학에서 보내는 삶을 여러분의 직업으로 여기며 성실하게 살아간다면, 아마도 대학 졸업 이후의 삶을 잘 대비하는 것입니다.

인턴 활동은 훌륭한 학습 경험입니다. 캠퍼스 내의 진로개발센터를 통해 도움을 얻을 수 있습니다. 학과게시판(건물 게시판이나 홈페이지 게시판)도 자주 확인하는 것이 좋습니다. 여러분이 대학에 다니는 동안 인턴 기회에 참여할 수 있다면, 다양한 진로에 대해 여러분의 이해가 넓어질 뿐만 아니라, 기업이나 회사에서 원하는 능력을 개발하는 데 도움을 줄 것입니다.

사회생활 경험이 있고, 부모로부터 더 이상의 도움을 받지 못하는 나이가 조금 있는 학생들의 경우는, 고등학교 졸업과 동시에 계속 학업을 이어 온 학생들에 비해 대학생활을 자신의 커리어를 위한 징검다리로 인식하는 경향이 있습니다. 이들은 사회생활을 통해 자립하는 방법을 충분히 익혔고, 대학 졸업 후의 목표가 명확하기에 학업에 역동적으로 임합니다.

좋은 교수는 여러분을 몰아붙이고, 비판하고, 높은 기준을 제시할 것입니다. 불평하기보다는 이 경험으로부터 배워야 합니다. 이 경험은 여러분이 미래를 준비하는 데 도움이 될 것입니다. 비판을 받아들여 개선하는 계기로 삼기를 바랍니다. 여러분은 대학교육에 상당한 비용을 투자하게 됩니다. 여러분이 그 경험을 통해 교훈을 얻는다면 분명히 투자한 만큼의 보상이 있습니다.

여러분이 염두에 둔 진로와 직접적으로 관련이 없어 보이는 과목을 수강하게 되더라도 넓은 범위로 공부하다 보면 많은 것을 배울 수 있습니다. 미래에 도움을 줄 수 있는 기술, 아이디어, 사고방식을 개발할 수 있는 기회일 수 있습니다. 어떤 것이 진정 나에게 도움이 되는 것인지 아직은 모릅니다. 한 친구가 자신은 지질학을 전공하는 중에 양적추론 과목을 들었다고 말했습니다. 그 과목에서 육안으로는 관찰할 수 없는 패턴, 관찰 기술, 데이터 분석, 논리와 합리적 추론을 배울 수 있었고, 창의성과 문제 해결 능력이 향상된 것 같다고 했습니다. 그 친구는 지질학 학위를 가지고 있지만, 현재 광고 분야에서 일하고 있으며 그 과목에서 배운 능력이 결국에는 성과를 가져다주었다고 했습니다.

졸업할 때가 되면 여러분은 인생의 다음 단계로 옮겨가기 위해 교수의 추천서가 필요하게 됩니다(제10장을 참고하세요). 교수는 여러분이 대학생활을 하면서 보여준 능력과 습관에 대해 쓰게 됩니다. 과거에 보여준 학생의 모습을 놓고 교수는 추천할 만한 학생인지 고민할 것입니다. 교수가 여러분의 근면성실함에 대해 주저함 없이, 확신 있게 쓸 수 있도록 여러분이 증명해 보여야 합니다.

교수님, 이거 시험에 나와요?

제2부

강의실 안으로

제5장

기본 중의 기본,
강의계획서를 읽어봅시다!

　개강하여 수업이 시작되면, 학생들은 강의계획서 syllabus [8]라 부르는 문서를 하나씩 받게 됩니다. 여기에 한 학기 동안 공부할 주제와 범위가 적혀 있습니다. 하지만 자세히 살펴보면 수업을 제대로 이수하기 위한 너무나 중요한 정보를 담고 있습니다.

　강의계획서는 여러분이 수강하고자 하는 과목의 로드맵입니다. 그리고 여러분이 해야 하는 것과 그것을 하지 못했을 때 어떤 결과가 발생하는지에 대한 내용을 담고 있습니다. 그 내용을 읽고, 제대로 이해하고, 강의계획서 내용을 따르는 것은 순전히 여러분의 몫입니다.

　한 동료 교수의 이야기입니다. 강의 첫 시간에 강의계획서를 자세히 설명할 시간이 없었다고 합니다. 그래서 학생들에게 강의계획서를 나눠주면서 다음 수업 전까지 자세히 읽어볼 것을 당부했고, 다음 수업 시간에 궁금한 점에 대해 질문을 받겠다고 했습니다. 다음 수업 시간이 되자, 교수는 학생들에게 강의계획서 내용에 대해 질문이 있는지 물었습니다. "기말

◇◇◇◇◇◇◇◇

8　옮긴이. 한국의 대학에서는 대체로 '실라버스'라는 용어보다 강의계획서라는 용어가 널리 사용되므로 이 책에서는 '강의계획서'라는 용어를 사용함.

고사는 언제인가요?", "출석 요건은 어떻게 되나요?", "교수님을 만나려면 어느 시간에 방문이 가능한가요?" 여러분, 이 모든 질문은 강의계획서에 다 있습니다!

강의계획서에는 전형적으로 아래와 같은 정보가 담겨 있습니다.

- 개설 과목의 정확한 명칭, 과목 번호. 동일한 과목인데 분반이 된 경우 분반 번호가 표시됩니다.
- 교수 연락처. 주로 사용하는 이메일 주소, 연구실 위치, 오피스 아워 (제8장 참조), 연구실 전화번호가 표시됩니다.
- 과목의 목적과 주요 내용이 설명됩니다.
- 주차별로 주요 수업 내용이 표시됩니다.
- 사용할 교과서와 참고 도서, 그리고 해당 도서의 정확한 발행 판본이 표시됩니다.
- 과제 목록과 제출 기한. 과제 제출 시에 반드시 포함해야 하는 내용과 수준에 대한 주의 사항 및 채점 기준표 rubric 가 포함될 수도 있습니다.
- 성적 평가를 위한 항목 및 가중치. 예를 들어 중간고사(25%), 리포트(20%), 기말고사(30%), 수업 참여(25%) 등과 같이 표시되어 있습니다.
- 마감 시한을 지키지 않은 경우의 처리 방법. 추가 제출을 허용하는 경우, 이에 대한 방침이 표시되어 있습니다.
- 중간고사 및 기말고사 예정일. 가끔 강의 시간 외에 시험을 치르는 경우가 있습니다.
- 실험 일정, 실험이 포함된 과목인 경우, 강의계획서에 별도로 실험에 대한 내용이 안내되어 있을 수 있습니다. 실험의 경우 보통 특별한 재료나 장비를 이용하므로, 실험 시간을 보충하기는 어렵습니다. 이 시간을 놓치는 것은 강의 시간을 놓치는 것보다 더 심각한 결과를

가져옵니다. 그래서 꼭 여러분의 일정표에 체크해 놓아야 합니다.

- 수업 주의사항. 예를 들어, 출석은 수업 참여도에 반영될 수 있다는 내용일 수도 있고, 시험 시간에 계산기 사용이 불가하다는 내용이 적혀 있을 수 있습니다.
- 참고 자료. 지정된 교과서 외에 추천 자료 목록이 열거될 수 있습니다. 여러분은 이 자료를 반드시 읽어야 하는 것은 아니지만, 여러분이 그 주제에 특별히 관심이 있거나 더 많은 내용을 알고 싶다면 참고할 수 있습니다.
- 튜터링센터 또는 글쓰기센터에 관한 정보 같은 특별한 내용. 이것은 과목을 이수하는 데 어려움을 겪는 학생들만을 위한 내용이 아닙니다. 정말 우수한 학생들도 이 정보를 유용하게 활용합니다.

교과서에 대한 조언. 어떤 교과서는 전자책으로 이용이 가능합니다. 하지만 여러분이 교과서를 구매하기 전에 반드시 ISBN 번호를 확인해서 정확한 판본을 구입해야 합니다. 강의계획서에 'History of Chinese Medicine, by Max Li, 7th edition'라고 적혀 있는데, 학생이 "교수님, 제6판을 사용해도 되나요?"라고 묻습니다. 보통은 안 됩니다. 왜냐하면, 책 내용 중에 상당한 분량(약 20%)이 바뀌었을 때 판본이 바뀌기 때문입니다. 또한 학생들이 수업 시간에 서로 다른 페이지를 보게 된다면 혼란스러워질 수 있습니다. 수학과 관련된 책은 판본마다 문제풀이 페이지가 달라질 수 있습니다. 그리고 강의 시작 전에 교과서를 사야 한다면, 꼭 환불이 가능한지 확인하고 영수증을 챙겨 놓아야 합니다. 가끔씩 강의 첫 시간에 교수가 정말 꼭 사야 하는 책을 확인해줄 수도 있고, 모든 책이 필요하지 않다는 것을 알게 될 수도 있습니다.

기말고사에 대한 조언. 기말고사 일정은 보통 대학의 교무 부서에서 정하며 변경이 불가능합니다. 시험 시간도 강의 시간과 다를 수 있으며, 시험 장소도 평상시의 강의실과 다를 수 있습니다. 교수는 기말고사 대신에 리포트 과제로 대신할 수 있지만, 이때도 기말고사 기간 내에 정해진 시간에 맞추어 제출해야 합니다. 교무 부서의 허가 없이 교수가 시험 시간을 임의로 변경하는 것은 허용되지 않습니다. 대부분의 대학은 개별 학생들이 기말고사 시간을 옮겨달라는 요청에 대해 엄격하게 거절합니다. 개인의 요청에 의해 기말고사 시간을 변경하기 위한 절차로 도리어 교수와 학과장의 승인을 직접 받아오라는 요청을 받을 수 있습니다. 가급적 하지 않는 것이 좋습니다. 기말고사 일정이 여러분의 일정에 안성맞춤이면 좋겠지만, 기말고사 일정 조정이 불가능한 것은 더 중요한 이유(동일한 시간에 두 개의 시험이 겹치는 경우 등)가 있을 수 있습니다.

강의계획서는 어떻게 도움이 되는 걸까요?

여러분은 교수가 강의계획서에 늘어놓은 요구 사항에 동의하고 싶지 않아도, 그 과목의 규칙을 만드는 사람은 교수입니다. 수강 신청한 그 과목에서 좋은 성적을 받기 위해서라도 그 요구사항을 인정하고 따라야 합니다. 교수는 보통 강의 첫날 강의계획서 내용 중에서 중요한 사항을 강조합니다.

바로 이 점이 강의 첫날, 정해진 시간에 수업에 참석해야 하는 중요한 이유입니다. 이 시간에 교수가 그 과목에서 강조하고, 기대하는 내용에 대한 설명을 들을 수 있습니다. 어떤 교수는 강의계획서에 대해 별로 언급하지 않기도 하지만, 학생들이 강의계획서를 당연히 주의 깊게 읽을 것으로 여깁니다. 또 어떤 교수는 강의계획서를 제대로 읽었는지 확인하기 위해 퀴즈 시험을 치기도 합니다. 여러분이 강의계획서의 요구사항을 제대로 충족할 수 있을지 염려된다면, 교수를 찾아가서 이 과목을 계속 수강해야 할지에 대해 조언을 얻는 것이 좋습니다.

새로운 강의계획서를 받게 되면, 형광펜이나 색연필을 사용해 가면서 주의 깊게 읽어야 합니다. 그 내용을 모두 숙지해야 하는 책임은 여러분에 게 있습니다. 특히 오피스 아워와 과제물의 마감 시한은 꼭 표시해 두세 요. 교수는 강의계획서에 나온 과제물과 마감 시한에 대해 수업 시간에 별 도로 알려주지 않을 수도 있습니다. 교수가 직접 마감 시한 전에 상기시켜 준다면, 학생을 상당히 배려해 주는 것입니다. 대학 졸업 후에, 여러분의 상사는 업무의 마감 시한과 회의 일정을 늘 알려주지 않을 것입니다.

강의계획서를 자세히 읽다 보면, 교수가 특히 싫어하는 것이 무엇인지 에 대한 힌트를 얻을 수 있습니다. 교수는 과거에 강의를 하면서 자신을 불편하게 만들었던 학생들의 행동에 대해 적어 놓을 수도 있습니다. 예를 들어, '교수가 사전에 인정한 경우가 아니라면, 제출 기한을 넘긴 과제는 어떠한 경우에도 인정하지 않음'이라고 별도로 적혀 있을 수 있습니다. 강 의가 종료되었는데, 마감 시한을 넘겨 제출한 과제를 검토하고, 성적을 다 시 매기는 일은 교수에게 악몽과 같은 일입니다.

또한 강의계획서에, '교수의 허락 없이 강의 중에는 이유를 막론하고 휴 대폰을 사용할 수 없음'이라고 쓰여 있을 수 있습니다. 제가 아는 경영학 과 교수는 학생이 수업 시간에 어떤 IT 기기(휴대폰, 노트북, 이어폰 등)를 사용 할 때마다 감점하기도 합니다. 물론 강의계획서에 그 내용을 단호하게 명 시해 놓았습니다.

강의계획서에 '모든 자필 작성 답안지와 연구 보고서는 검정색과 파란 색이어야 함'이라는 문구나, '시험 시간에는 계산기 사용이 불가함'이라는 내용이 포함되어 있을 수 있습니다. 여러분이 생물학과 수업의 강의계획서를 제대로 읽지 않아서 '계산기 사용 금지' 공지를 몰랐다고 가정해 봅시다. 고등학교에서 수학이나 과학 시간에 했던 대로 자연스럽게 TI-84[9]를 책상 위에 올려두면, 시험이 시작될 때 교수는 학생들 사이를 지나치다가 그 계산기를 슬쩍 가져갈 수 있으니 놀라지 마세요.

제가 가르치는 미적분학 수업에서 몇몇 학생들은 저에게 학기가 끝나고 강의평가할 때 이렇게 불평하고는 합니다. "교수님이 과제를 꼭 해야 하는 거라고 말씀하셨으면 저는 꼭 했을 것이다." 또는 "과제가 필수가 아니라 선택이었기 때문에 하지 않았다. 그런데 제가 그 과제를 했으면 더 좋은 성적을 받을 수 있었다."

하지만 이 같은 불평은 저를 당혹스럽게 만듭니다. 모든 과제는 당연히 해야 하는 것으로 쓰여 있었을 뿐 아니라, 제출 마감시한까지 강의계획서에 표시되어 있기 때문입니다. 저는 그 과제를 제출 받은 후에 점수에 반영하기 위해 채점하지 않습니다. 왜냐하면, 학생들은 책 뒤의 답안지에서 답을 확인할 수도 있고 그뿐 아니라, 문제 해설집도 따로 판매하기 때문입니다. 하지만 학생들의 강의평가는 익명이기 때문에 저는 이 같은 불평에 대해 반박할 방법이 없었습니다.

그래서 그 이후에 저는 강의계획서를 수정했습니다. "과제로 표시된 내용은 점수에 반영되지 않지만 반드시 제출해야 합니다. 학생들이 꼭 이해해야 한다고 판단되는 중요한 문제들을 선정했습니다. 다음 강의 시간에 그 문제들에 대해 질문을 받으며, 그 문제를 바탕으로 퀴즈를 냅니다. 퀴즈는 과제의 문제들을 충분히 이해했는 지에 대한 피드백입니다." 저는 여전히 몇몇 학생들은 모든 문제들을 제대로 풀지 않을 것이라고 확신하지만, 최소한 강의평가에서 똑같은 불평은 더 이상 없어졌습니다.

◇◇◇◇◇◇◇◇

9   옮긴이. 널리 사용되는 공학계산기 모델 중 하나.

강의계획서에 선택 사항으로 참고문헌이 소개되어 있는 경우, 과제를 하는 과정에서 그 참고문헌을 인용하는 것도 좋은 방법입니다. 강의 시간에 다루게 되는 중요한 주제에 대한 관련 자료를 강의계획서를 통해 강조해 놓은 것이니 만큼, 만일 여러분이 그 자료를 활용한다면 교수님이 더욱 만족해 할 수 있습니다.

여러분이 수업이 진행되는 가운데 수업 진행에 대한 질문이 생긴다면, 교수님께 묻기 전에 강의계획서를 먼저 확인해야 합니다. 답은 이미 강의계획서 안에 있을 수 있습니다. 학생들이 강의계획서만 봐도 해결되는 질문을 할 경우, 교수님의 표정이 바뀔 수 있습니다.

교수가 그 과목에서 학생들에게 원하는 것이 무엇인지 정확히 알고 있다면, 그것이 바로 여러분이 좋은 성적을 받기 위해 필요한 일입니다. 좋은 성적을 받기 위한 길잡이가 바로 강의계획서입니다. 유용하게 활용해 보세요. 강의계획서를 읽어보아도 명확하지 않거나 이해되지 않는 부분이 있다면 교수에게 질문해 보세요. 오히려 교수는 여러분이 강의계획서를 꼼꼼히 읽었다는 사실만으로도 기뻐할 수 있습니다.

강의계획서를 모아두세요

강의계획서는 여러분이 수강한 과목의 길잡이일 뿐만 아니라, 대학생활이라는 긴 여정의 스냅 사진이기도 합니다. 최소한 대학생활, 혹은 그 이후의 학업 과정에서도, 여러분이 받아보는 모든 강의계획서를 모아보세요. 수강한 강의의 명칭이 충분한 정보를 담고 있는 것이 아니기에 여러분이 다른 학과로 옮기거나 대학을 옮기거나 하는 경우, 그 과목을 설명해야 하는 상황이 생길 수도 있습니다. 또한 대학원에 진학할 때도 여러분이 충분한 자격을 갖추었는지를 판단하기 위해 수강한 과목의 강의계획서를 요구하는 경우도 있습니다. 특히나 시간이 꽤 흘렀을 경우에는 이전에 받았던 강의계획서를 다시 구하지 못할 수도 있습니다.

요즘 강의계획서는 주로 온라인으로 게시됩니다. 이 경우, 여러분의 하드 드라이브에 별도로 저장해 두세요. 학기가 끝나면 그 과목 정보는 더이상 접근하지 못합니다. 출력해서 별도의 노트로 보관하는 것도 현명한 방법입니다. 그 노트는 여러분이 현재까지의 학업 경과를 보여주는 스크랩북이자, 졸업할 때 여러분의 대학생활 과정을 요약해 주는 앨범이 될 수 있습니다. 여러분의 대학 성적표는 그 노트를 더욱 빛나게 해 줄 것입니다.

이런 이메일은 답장을 못 받을 수도...

제6장

강의실 주의사항을 알려드려요!: 아무도 알려주지 않는 강의실 행동 규칙

가끔씩 수업 도중에 머뭇거리며 손을 드는 학생들이 있습니다. "저기, 화장실에 다녀와도 되나요?" 물론, 가도 되지요. 여러분은 굳이 물어볼 필요가 없습니다. 고등학생 때는 수업 도중 교실에서 나가기 위해서는 반드시 선생님의 허락이 필요했기 때문에 대학 신입생은 허락을 받아야 하는지 잘 모를 수 있습니다. 하지만 제가 유일하게 바라는 것은, 최대한 다른 학생에게 방해가 되지 않게 조용히 나가는 것입니다.

고등학교에서는 명확한 행동 규칙이 있습니다. 출석과 결석, 지각은 엄격하게 관리되고, 선생님이 자리를 정해주고, 지켜야 할 복장 규정이 있으며, 교실에서 껌을 씹거나 음식을 먹는 행동은 금지됩니다. 하지만 대학 교수는 여러분이 성인이며 어른답게 행동할 것이라는 전제하에, 특별히 무분별한 행동으로 불편했던 경험이 있는 경우가 아니라면, 강의계획서에 행동 규칙을 별도로 언급하지는 않습니다. 이번 장에서는 신입생이 잘 알지 못하는 대학 강의실 문화에 대해 설명하고자 합니다.

출석은 매우 중요합니다. 교수가 출석을 부르지 않더라도 중요합니다. 일부 교수는 예고 없이 퀴즈 시험을 보기도 하고, 무작위로 학생 이름을 불러 출석 체크를 하기도 합니다. 만일 출석 확인 서명을 하는 용지가 있다면, 강의 시간마다 서명하는 것은 여러분의 책임입니다. '주말에 집에 가야 해서, 금요일 수업에 출석하지 못합니다.'와 같은 결석 핑계는 말하지 않는 것이 좋습니다. 이 같은 핑계는 자신에게는 수업이 최우선이 아님을 명확하게 시인해 버리는 결과를 낳습니다. 건강상의 응급상황이거나 출석할 수 없는 심각한 상황이 아니라면, 아무 말을 하지 않는 것이 오히려 낫습니다.

예전에 있었던 일입니다. 미적분학 강의를 수강 신청했지만, 아파서 참석할 수 없는 친구를 위해 자신이 '대리 출석'해서 수업을 들어도 되겠냐는 연락을 받은 적이 있었습니다. 그날은 별도의 퀴즈 시험이 없던 날이어서 강의실에 출석해서 친구 대신 강의 내용을 메모해도 좋다고 했습니다. 그날 결석할 수밖에 없었던 학생의 기지에 오히려 제가 놀랐습니다.

어떤 학생은 지난 수업 내용을 제대로 소화하지 못해 따라가기 어려우면 충분히 만회할 수 있는 상황이 될 때까지 강의에 출석하면 안 되는 것으로 오해하기도 합니다. 하지만 이렇게 하면 학생은 더 뒤처지게 됩니다. 무조건 출석을 하고, 최대한 빨리 만회할 수 있도록 노력하면 됩니다.

강의 시간에 커피를 가져와도 될까요? 여러분이 다니는 대학이 교실에서 음식이나 음료를 금지하는 특별한 정책을 가지고 있는 경우가 아니라면, 가져와도 됩니다. 사실, 강의 시간에 음료를 조금씩 마시는 것은 학생들에게 유익할 수 있습니다. 무언가를 먹는 행동은 주의를 산만하게 하는 행동이 될 수 있으므로 피해야 합니다. 하지만 여러분이 수업 사이에 식사할 시간이 없다면, 최대한 소리가 나지 않게 조용히 먹을 수 있는 음식을 가져오는 것이 좋습니다.

다만 실험실에서는 음료와 음식이 엄격하게 금지된다는 사실을 유념해야 합니다. 실험실에서는 안전 문제와 오염 문제가 발생할 수 있기 때문입니다. 일부 대학에서는 연구실 안전감독관이 쓰레기통에서 음식물을 발견하면 상당한 제재를 가하기도 합니다. 가급적 과학 실험실에 들어가기 전에는 모든 음식물과 음료 용기를 버려야 합니다.

껌은 씹지 마세요. 껌에 대한 규정이 따로 있는 것은 아닙니다. 하지만 이 행동은 강의하는 교수를 심란하게 할 뿐 아니라, 학생다운 태도도 아닙니다(특히 강의 중 발표할 때는 더욱 그렇습니다). 여러분이 취직할 회사의 상사도, 군대의 상관도 싫어할 행동이며, 여러분의 교수도 마찬가지입니다.

교수의 질문에 편하게 대답해도 될까요? 아니면 허락을 받고 대답해야 할까요? 전적으로 교수의 강의 스타일에 달렸습니다. 하지만 금방 알아챌 수 있습니다. 약간 주저된다면, 조심스럽게 손을 들면 됩니다.

얼마나 적극적으로 수업에 참여해야 할까요? 교수의 질문에 얼마나 자주 대답해야 하고, 토론에는 어떻게 참여해야 할까요? 만일 여러분이 수강하는 수업이 토론이나 질의응답이 원활할 만큼 작은 규모라면 모든 시간에 적극적으로 임하도록 노력해야 합니다. 대신 말할 때는 핵심만 확실히 언급하고, 시간이 낭비되지 않도록 해야 합니다. 그리고 토론을 지배하려 들거나, 다른 사람은 참여하지 않는데 항상 손을 드는 학생이 되지 않도록 주의하는 것이 좋습니다.

질문을 해야 할까요? 학생의 질문은 강의에 매우 도움이 되며, 다른 학생이 개념을 명확히 하는 데도 유익합니다. 수업을 미리 준비하는 과정으로 여러분은 자료를 읽고 과제를 하면서 몇 가지 질문을 미리 생각해 놓아야 합니다. 소규모 강의에서 학생들의 질문이 전혀 없다면 교수는 단번에 학생들이 과제를 하지 않았거나, 수업 준비를 전혀 하지 않았다는 사실을 알게 됩니다. 규모가 큰 강의에서는 질문하는 것이 어렵습니다. 그러나 한 용감한 학생이 짜임새 있는 질문을 한다면 그 학생은 모두에게 긍정적인 평가를 받을 것입니다. 하지만 질문은 반드시 명확하게 해서 시간 낭비가 되지 않도록 주의해야 합니다.

만일 교수가 강의 중에 실수하거나, 칠판에 적은 계산이 틀렸다면 어떻게 해야 할까요? 지적해야 할까요? 그것은 실수한 내용에 따라 다릅니다. 그 실수가 너무 명백한 경우, 예를 들어 교수는 '이라크'라고 말했지만, 강의실에 있는 모두가 '이란'이라는 사실을 잘 알고 있는 경우라면 그냥 넘어가는 것이 좋습니다. 그런데, 교수가 곤충의 개체수가 10억 마리 증가했다고 언급했지만, 여러분은 10억 a billion 마리가 아니라 100만 a million 마리 증가라고 생각한다면 정중하게 명확한 확인을 요청해야 합니다. 저는 제 강의를 듣는 학생들에게 강의 중에 어떤 실수라도 한다면 꼭 말해 달라고 요청을 합니다. 한 학생이 저의 실수를 지적하면, 저는 그 학생이 제 강의에 주의를 기울이고 있으며 내용을 정확히 이해하고 있다는 사실에 안도하며, "알려주어 감사합니다."라고 진심을 담아 말해 줍니다.

지각과 조퇴. 강의실에 늦게 오는 것과 강의실에서 빨리 나가는 것이 가능할까요? 두 경우 모두 교수와 다른 학생들에게 큰 방해가 됩니다. 그리고 여러분에게도 도움이 되지 않습니다. 부득이하게 어쩔 수 없는 경우라면, 가능한 소리가 나지 않게 하고 시선을 끌지 않도록 해야 합니다. 특히 문이 쾅 닫히지 않도록 주의하세요. 고등학교와 달리 지각이나 조퇴를 위한 허락은 따로 필요 없습니다. 강의가 시작되기 전에 교수를 만날 수 있는 기회가 있다면 미리 양해를 구하는 것이 예의 바른 행동입니다. 그리고 출구 근처에 앉았다가 조심스럽게 나오세요.

지각과 조퇴는 잦으면 안 됩니다. 여러분이 강의 초반의 설명을 놓쳤다면, 이것은 여러분이 직접 해결해야 할 문제가 됩니다. 여러분이 놓친 공지사항, 유인물 또는 중요한 설명이 있는지 학우에게 꼭 확인해야 합니다. 한 학생이 중간고사 직전 강의 시간에 지각한 적이 있다고 저에게 말한 적이 있습니다. 그 학생은 시험이 오픈 북 open book [10]으로 진행되고 필요한 자료는 모두 지참해서 치를 수 있다는 공지를 듣지 못했습니다. 시험을 치르러 왔을 때, 본인은 아무것도 가지고 오지 못한 것을 알고는 상당히 당황했습니다. 그날 이후, 그 학생은 수업을 빠지거나 지각하게 되면, 꼭 다른 학생에게 자신이 놓친 내용을 확인했습니다.

시간표 짤 때부터 주의를 기울이는 것이 좋습니다. 캠퍼스 양쪽 끝에 있는 강의실에서 연달아 수업이 있다면, 두 번째 수업에 정시에 도착하기가 어려울 수 있습니다. 특히나 첫 번째 수업이 조금이라도 늦게 끝난다면 더 늦어질 수 있습니다. 그리고 같은 날 두 수업이 동시에 시험이 있다면, 여러분은 더 큰 어려움을 겪을 수 있습니다. 시험 시간에 늦었다고 해서 시험 시간을 늘려 주지 않습니다.

또 지각을 하면 거기에 따른 대가가 있을 수 있습니다. 교수들은 대개 수업 시작 초반에 매번 짧은 퀴즈를 내는 경우가 있습니다. 중간에 들어오면 잃어버린 그 시간을 만회할 수가 없습니다. 제가 아는 어느 교수는 오전 8시에 강의를 했습니다. 그 시간에는 지각이 너무 흔해서, 8시 5분이 되면 교수가 직접 강의실 문을 잠갔습니다. 학생들은 정시에 도착하는 방법을 빨리 배우게 되었습니다. 여러분이 직장에 지각하고 회의 때마다 늦는다면, 직장 상사는 절대 좋아하지 않습니다.

수업 준비물. 수업을 듣기 위한 노트, 펜과 같은 준비물을 준비해야 합니다. 교수가 꼭 가지고 다녀야 한다고 언급하지 않았다면 강의 때마다 교과서를 가지고 다닐 필요는 없습니다. 그러나 실험과목에는 실습 활동에 대한 지침이 포함되어 있는 실험 매뉴얼이나 워크북을 챙겨야 합니다.

◇◇◇◇◇◇◇◇

10   옮긴이. 강의자료, 시험공부 자료 혹은 필기 노트를 보면서 치르는 시험.

어떤 복장이 수업에 적합할까요? 편안한 복장이면 괜찮습니다. 너무 격식을 차릴 필요도 없습니다. 제 경우에는 평범한 티셔츠, 청바지, 운동화는 괜찮지만, 잠옷은 괜찮지 않습니다. 여러분이 수업에 오는 길에 모자나 후드를 썼다면, 강의실에서는 모자나 선글라스를 벗는 것이 좋습니다. 유럽에서 오신 초빙교수 한 분이 저에게 물은 적이 있습니다. "왜 미국의 몇몇 학생들은 마치 해변에 가는 복장으로 수업에 들어오는 걸까요?" 그와 같은 복장은 수업을 가볍게 여긴다는 인상을 줄 수 있습니다. 여러분 자신에 대해 긍정적인 인상을 심어 주고 교수와 다른 학생들을 존중할 수 있는 복장을 갖추도록 노력해야 합니다.

과학 분야의 실험 과목에는 엄격한 복장 규정이 있을 수 있습니다. 이 규정을 지키는 것은 대학 연구실의 안전 책임을 확보하고 실제 여러분의 안전을 위해서입니다. 발가락이 노출된 신발을 신고 있다가 깨진 실험 용기에 발가락을 베이는 경우도 있으며, 묶지 않은 긴 머리가 연구 장비에 엉키는 경우도 있습니다.

개인 소지품 관리. 여러분의 노트, 교과서, 계산기를 포함한 개인 소지품에 소유자의 정보를 적어 놓는 것이 좋습니다. 무언가를 깜빡 잊고 두고 가더라도 다시 찾을 가능성이 높아집니다. 학기가 끝나고 교과서를 되팔고 싶다면, 지울 수 있도록 메일 주소만 적어 놓는 것도 좋은 방법입니다. 통상적으로 분실물이 발생하면, 그 장소에서 가장 가까운 학과사무실에 전달하거나, 강의실 내 책상 위 또는 잘 보이는 강단 위에 놓는 경우가 많습니다. 여러분이 무언가를 잃어버렸다면 그곳을 먼저 확인해야 합니다.

옆에 앉은 친구와 계산기를 공유해서 사용해도 될까요? 강의 중이라면 대체로 괜찮습니다. 하지만 퀴즈 시간이나, 시험을 볼 때는 허용되지 않습니다.

몸가짐이 중요합니다. 수업 중에 의자에 구부정하게 앉거나, 머리를 책상 위에 올려놓거나, 스트레칭을 하는 것은 피해야 합니다. 한번은 맨 앞줄에 앉은 두 학생이 서로 손을 잡고 앉아 있던 적이 있습니다. 이 두 학생 때문에 저만 집중이 안 되었는지, 다른 학생들이 더 집중이 안 되었는지는 모르겠습니다. 하지만 이 같은 행동은 미래의 직장에서도 허용되지 않는 행동입니다.

어느 자리가 가장 좋은 자리일까요? 대학 강의실에서는 보통 앉아야 하는 자리가 정해져 있지 않습니다. 여러분이 지각하는 경우가 아니라면 맨 앞줄이 가장 좋은 자리입니다. 교수는 여러분을 알아볼 것이고, 여러분도 수업에 더 집중할 수 있습니다. 보통 수업 준비가 안 되어 있거나, 교수에게 지명당하기 싫거나, 가져온 노트북으로 딴짓을 하려는 학생들은 뒷자리에 앉으려고 애씁니다.

학생들은 같은 자리에 계속 앉으려는 경향이 있습니다. 새로운 학우들을 만나기 위해서라도 가끔 다른 자리에 앉아볼 것을 추천합니다. 새롭게 만나는 학우에게 자신을 소개하고 수업 전후에 서로 이야기를 나눠 보세요. 여러분이 바로 옆에 앉아 있는 사람들과의 관계를 희생하면서 캠퍼스 밖의 사람들과 문자 메시지를 계속 주고받는다면, 스터디 그룹을 만들 수 있거나 결석했을 때 도움을 받을 수 있는 엄청난 기회를 날려 버리는 것입니다. 앞날은 예측할 수 없지만, 옆자리에 앉은 학생이 미래에 여러분을 고용할 회사를 창업할 수도 있습니다. 네트워킹은 일찍 시작할 가치가 충분합니다.

강의실을 소중히 다루세요. 여러분이 다녀간 흔적(책상 위 연필자국, 쓰레기, 커피 자국 등)을 남기지 말아주세요. 여러분이 앉은 자리는 매주 수십 명이 이용하는 자리입니다. 커피숍과 달리, 학생 사이를 지나다니며 책상을 닦고 강의실 바닥을 쓰는 직원이 따로 없습니다.

　　잡담 금지. 수업 도중에 두 학생이 서로 이야기를 나누는 것은 강의하
는 교수뿐 아니라 다른 학생에게도 큰 방해가 됩니다. "질문이 있으면 모
두가 들을 수 있게 크게 말해 주세요!"거나 "할 이야기가 있다면 강의실 밖
으로 나가서 하세요!"라며 교수가 지적할 수도 있습니다. 물어볼 게 있다
면 옆 친구 대신에 교수에게 손을 들고 물어보세요. 여러분이 무언가 이해
하지 못해 궁금증이 생겼다면, 다른 학생들도 그럴 수 있습니다.

휴대폰은 꺼 놓으세요. 수업 중에 메시지를 보내거나 읽는 행동은 예의 없는 것으로 여겨질 수 있습니다. 수업 시간에 수업과 관련 없는 내용으로 휴대폰을 사용하여 채팅을 하거나 메일을 체크하는 학생들은 다른 학생들에 비해 수업 이해도가 떨어지며 낮은 성적을 얻는다는 연구 결과[11]도 있습니다. 메시지 도착을 알리는 진동 소리도 교수나 다른 학생의 수업 집중에 방해가 될 수 있습니다. 퀴즈나 시험을 치르는 시간에 휴대폰을 가지고 있는 것은 윤리 규정을 위반하는 것으로 여겨질 수도 있습니다. 그 시간에는 전원을 끄고 가방에 넣고 지퍼까지 잠그는 것이 좋습니다.

수업 중 전자기기 사용. 교수가 강의 시간에 여러분에게 원하는 것은 집중입니다. 전자기기 사용은 교수뿐만 아니라 다른 학생들에게 방해가 될 수도 있습니다. 수업 중에 노트북을 사용해야 하는 경우가 있을 수 있지만, 반드시 필요한 경우가 아니라면 사용하지 않는 편이 좋습니다. 제11장에서 자세히 언급하고 있지만, 노트북을 활용한 학습 내용 메모는 손으로 작성하는 것과 비교하여 효과적이지 않습니다. 그리고 다른 학생의 노트북 화면이 직접 보이는 자리에 앉는 학생들의 성적이 더 낮다는 연구 결과[12]도 있습니다. 가능하다면 수업 중에 노트북을 사용하는 학생과는 조금 떨어져 앉는 것이 좋습니다.

여러분이 노트북, 휴대폰, 이어폰을 매만지고 있으면 교수는 학생이 자신의 강의보다 다른 것에 더 큰 관심이 있는 것으로 오해할 수 있습니다.

여러분은 스스로를 멀티태스킹의 달인이라고 자평할지도 모르지만, 연

◇◇◇◇◇◇◇◇

11　Carr, Nicholas. "How Smart-Phones Hijack Our Minds." Wall Street Journal, October 7-8, 2017, C1. Kuznekoff, Jeffrey, Stevie Munz, and Scott Titsworth. "Mobile Phones in the Classroom: Examining the Effects of Texting, Twitter, and Message Content on Student Learning." Communication Education 64, no. 3 (2015): 344-65. Lawson, Dakota, and Bruce Henderson. "The Cost of Texting in the Classroom." College Teaching 63 (2015): 119-24.
12　Sana, Faria, Tina Weston, and Nicholas Cepeda. "Laptop Multitasking Hinders Classroom Learning for Both Users and Nearby Peers." Computers & Education 62 (2013): 24-31.

구 결과[13]들은 우리의 뇌는 한 작업에 필요한 주의를 기울이고, 기억을 관리하고, 불필요한 정보를 걸러내는 작업을 하고 있기에 한 작업에서 다른 작업으로 재빠르게 전환하는 데 어려움을 겪는다는 것을 보여줍니다. 수업 중에 멀티태스킹을 자주 하는 학생들은 그렇지 않은 학생들에 비해 GPA[14]가 낮습니다.

수업 내용을 녹음해도 될까요? 여러분이 녹음해야 할 특별한 이유가 있다면, 교수에게 먼저 허락을 받아야 합니다.

친구를 수업에 데려와도 되나요? 가끔 제 수업에 친구를 데려오거나, 형제, 심지어 부모님을 데려오는 학생이 있었습니다. 이 경우, 사전에 교수에게 양해를 구해야 합니다. 그렇지 않고 무작정 데려오는 것은 파티를 망치는 행위와 다르지 않습니다. 만일 교수가 사전 통지 없이 수업에 참석한 낯선 사람을 마주치게 된다면 혼란스러울 수 있습니다.

꾸벅꾸벅 졸면 어떻게 하죠? 수업 중에는 그럴 수 있습니다. 시원한 물을 한 병 준비해서, 조금씩 마시면 도움이 됩니다. 그래도 여전히 졸릴 경우에는 조용히 강의실을 빠져 나와서 화장실에 가서 찬물로 세수를 하고 오세요. 들어올 때는 조용히 들어오면 됩니다.

가방 싸는 것은 수업이 진짜 끝날 때까지 기다려 주세요. 수업이 끝나기도 전에 가방의 지퍼를 여닫는 참을성이 부족한 학생들은 자진해서 교수에게 더 이상 수업에 집중하지 않는다는 신호를 보내는 것과 같습니다. 강

◇◇◇◇◇◇◇◇

13 Ophir, Eya, Clifford Nass, and Anthony Wagner. "Cognitive Control in Media Multitaskers." Proceedings of the National Academy of Sciences 106, no. 37 (September 15, 2009): 15583–87. Winneke A. van der Schuur, Susanne Baumgartner, Sindy Sumter, and Patti Valkenburg. "The Consequences of Media Multitasking for Youth: A Review." Computers in Human Behavior 53 (December 2015): 63–70.
14 옮긴이. 대학 성적을 보통 GPA(Grade Point Average) 또는 평균 평점이라 일컬으며, 수강을 완료한 모든 과목의 평균 점수로 표시됨. 미국의 경우 일반적으로 A는 4점, B는 3점, C는 2점, D는 1점, F는 0점이며, 한국의 경우, A가 4점, 4.3점, 4.5점 등으로 학교별로 상이함.

의실 에티켓은 교수가 수업을 마치는 말이나 인사를 나눌 때까지 기다리는 것입니다. 하지만 예정된 수업 종료 시간을 넘겼고, 10분 후에 다른 건물에서 치르는 시험이 예정되어 있다면, 조용히 일어나 살금살금 나오면 됩니다. 그런 경우가 아니라면 수업이 완전히 끝날 때까지 기다려야 합니다.

교수님이 결석하는 경우는요? 수업에 출석했는데, 교수가 오지 않는 경우가 있을 수 있습니다. 고등학교에서는 선생님이 안 계시면 수업 시간을 대신 채워주는 선생님이 늘 계시는 것과 달리, 대학에서는 다른 분이 급작스럽게 그 수업을 대신해주는 일은 없습니다. 수업 당일에 교수에게 수업을 할 수 없는 일이 일어난다면, 이를 알리는 즉각적인 안내 메시지나 메일 공지가 있을 것입니다. 교수가 오지 않고, 무슨 일이 있는지 염려되는 상황이라면 급히 휴대폰으로 이메일을 확인해보는 것이 좋습니다. 당일 수업이 취소되었다는 사실을 알리기 위해 학과사무실에서 직접 강의실이나 게시판에 공지를 붙이기도 합니다.

만일 수업에 왔는데, 교수는 오지 않고, 아무런 공지가 없다면, 여러분은 얼마나 오래 강의실에서 기다려야 할까요? 여러분은 다른 친구들이 흔히들 '15분 규칙 fifteen-minute rule'을 이야기하는 것을 들어보았을지 모릅니다. 네. 이것은 관례입니다. 여러분이 그 15분 동안 필요한 일을 하거나, 다른 학우와 이야기를 나눈다고 해서 손해 볼 것은 없습니다(제발 그렇게 해주세요!). 15분이 지났는데도 변화가 없다면, 솔선수범해서 학과사무실에 연락해 보는 것도 좋습니다. 학과사무실의 직원은 교수의 소재를 재빠르게 확인할 수 있습니다.

요약하자면, 수업 시간은 교수들이 자신의 지식을 전달하는 데 혼신을 다해 전념하는 시간입니다. 모든 강의실에서의 여러분의 행동은 학문적이어야 하며, 학문을 위한 것이어야 합니다. 교수와 다른 학생에게 방해가 되는 어떠한 행동도 하면 안 됩니다. 여러분 스스로가 잘 준비해서 능동적인 학습자가 되기 위해 노력해 보세요!

제7장

슬기로운 비대면 수업 듣기:
온라인 강의를 위한 고려 사항

최근 대학 교육의 뜨거운 화두 중의 하나는 바로 온라인 수업의 증가입니다. 비대면 형식의 장점에도 불구하고, 문제점도 있습니다. 연구[15]에 따르면 대면 수업의 이수율이 온라인 수업의 이수율보다 더 우수합니다. 온라인 수업에 생소한 학생들은 익숙하지 않은 환경에서 적응하기 위해 필요한 능력과 습관이 부족할 수 있습니다. 성취하고자 하는 강한 열망, 과제를 빨리 시작하려는 의지, 그리고 좋은 학습 습관을 유지해야 합니다.

온라인 과목을 수강 신청했다면, 제6장에서 설명했던 강의실에서의 행동 규칙은 잠시 잊어버려도 좋습니다. 여러분은 아마 수업 시간에 잠옷을 입고 있거나 간식을 먹을지도 모릅니다. 토론 시간에 10분 늦게 들어가도 아무도 눈치 채지 못할 것입니다. 영상 강의 중에 계속해서 딴 생각이 든다면, 나중에 다시 볼 수도 있습니다. 그러나 여러분은 강의실에서 하는 전통적인 수업보다 학업 과정을 좀 더 주도적으로 해야 할 필요가 있고, 대면 수업만큼 시간과 노력을 할애해야 합니다.

◇◇◇◇◇◇◇◇

15 Atchley, Wayne, Gary Wingenbach, and Cindy Akers. "Comparison of Course Completion and Student Performance through Online and Traditional Courses." International Review of Research in Open and Distance Learning 14, no. 4 (October 2013): 104-16.

학생의 노력과는 별개로 온라인 수업에 대한 염려도 적지 않습니다. 일부 교수들은 온라인 과목을 다소 느슨하게 운영하기도 하고, 학생들도 대면 수업만큼 배우지 못한다고 우려합니다. 그러나 대학들은 온라인 수업이 전통적인 대면 수업과 견주어도 될 만큼 충분한 학습이 가능하도록 노력하고 있습니다.

온라인 강의 방식

강의 첫날 혹은 그 이전에 모든 공지사항을 숙지해야 합니다. 강의계획서는 미리 출력해 두고 자주 확인해야 합니다. 일부 대학에서는 강의가 시작하기 일주일 전이나 며칠 전에 학생들이 미리 수강할 수 있도록 하고 있습니다. 그러면 학생들은 강의 자료를 미리 살펴보고 세부 강의계획과 지침을 숙지할 수 있습니다. 온라인 수업은 주로 네 가지 방식으로 운영됩니다.

비실시간 강의 Asynchronous. 이 방식은 매주 마감 시한이 주어지기는 하지만 학생이 수업을 듣고, 과제를 제출하고, 토론에 참여하는 시간에 융통성이 있습니다. 바쁜 일정을 가지고 있는 학생들에게 상당한 이점이 있습니다. 그리고 가장 일반적인 방식이기도 합니다.

실시간 강의 Synchronous. 이 방식으로 운영되는 수업이 꽤 많습니다. 모든 학생은 정해진 시간에 로그인해야 하며, 실시간으로 수업을 들어야 합니다. 실시간으로 질문할 수도 있습니다. 토론은 정해진 시간에 온라인에서 '만나서' 하며, 토론 중에 교수나 학우로부터 회신을 받기 위해 몇 초 혹은 몇 분만 기다리면 됩니다. 비실시간 강의에 비해 상호작용의 가능성이 더 크다는 것이 장점입니다. 모든 학생이 같은 시간에 수업에 참석하니 미루는 경향도 줄어듭니다.

자기주도 강의 Self-paced . 이 방식은 수업 마지막 날까지 마감 시한이라는 것이 거의 없거나 아예 없습니다. 학생에게 상당한 융통성을 주지만, 이 수업에서 미루는 습관은 상당히 치명적입니다. 또한 수업 이수율도 낮아 최근에는 보기 드문 강의 형식입니다.

하이브리드 강의 Hybrid . 이 방식은 대면 강의와 온라인 강의를 혼합한 형태입니다. 저의 경우 강의는 온라인으로 진행하고, 실험은 직접 만나서 하는 형태로 수업을 많이 했습니다. 저는 이 방식을 통해 학생들을 자주 체크하고, 시험 성적에 대해 이야기 나누고, 온라인 수업이 잘 진행되고 있는지 점검할 수 있는 기회를 가질 수 있습니다.

수강 신청을 고민할 때 고려할 점

먼저 온라인 학습을 위해 대학에서 제공하는 교육을 받는 것이 도움이 됩니다. 다양한 온라인 프로그램을 가진 많은 대학들은 온라인 학습 준비를 위해 간단한 교육 과정을 제공합니다. 시간을 절약하고, 시행착오를 줄이기 위해 학습관리시스템 learning management system, 이하 LMS [16]의 다양한 기능을 사용하는 방법을 익혀 놓을 수 있습니다. 이 교육을 이수한 학생은 이수하지 않은 학생보다 성취도가 더 높다는 대학들의 발표가 있습니다.

수업을 시작하기 전에 LMS 사용에 익숙해져야 합니다. 캠퍼스 밖에서 수업에 참여할 계획이라면 고속 인터넷 연결이 필수적입니다. 동영상 시청, 과제 제출, 토론 참여, 성적 확인 등과 같은 수업에 필요한 모든 요소가 Blackboard나 Canvas와 같은 LMS를 통해 운영됩니다. 여러분이 이

◇◇◇◇◇◇◇◇◇

16 옮긴이. LMS는 주로 미국식 시스템을 통칭하는 명칭. 한국에서도 비슷한 용어가 사용되고 있으나, 최근 비대면 수업이 증가하면서 대학별로 자체 시스템을 제작하여 운영하는 경우가 많음.

LMS가 어떻게 작동하는지 잘 알아야 합니다. LMS 사용법을 가르치는 것은 온라인으로 강의하는 교수의 역할이 아닙니다. '이건 어떻게 하는 거지?'라는 질문이 생기면 바로 유튜브에서 그 방법을 검색하기 바랍니다. 그리고 LMS 기능 향상을 위해 자주 시스템을 업데이트하므로 최신 버전을 유지해야 합니다.

기술적 어려움에 대해 예상해 놓는 것이 좋습니다. 인터넷이 끊겼을 경우에 대신 사용할 컴퓨터와 학습 장소를 염두에 두어야 합니다. 대부분의 공공도서관은 노트북이 없거나 기능상 문제가 생겼을 경우에 사용할 수 있는 무료 인터넷과 컴퓨터를 제공합니다. 기술적인 문제가 생겼더라도 마감 시한 전에 보완할 수 있도록 학습을 일찍 시작하세요. '제 컴퓨터가 망가졌어요.', '어떻게 하는지 몰라요.' 또는 '인터넷이 끊겼어요.'라는 변명은 용납되지 않습니다. 컴퓨터 문제에 대해 도움이 필요하면 대학의 기술 지원 부서에 문의하세요. 수업을 담당하는 교수가 도움을 줄 수는 있지만 모든 복잡한 기술적인 문제를 해결해 주리라고 기대하면 안 됩니다.

온라인 강의를 처음으로 선택하는 경우라면, 자신 있는 분야를 선택하세요. 이 방법이 탐색하기에도, 성공 가능성을 높이기에도 가장 좋은 방법입니다. 하나의 온라인 강의를 마치거나, 한 학기를 마친 후에 더 많은 온라인 강의에 도전할지 결정할 수 있습니다.

자신의 학습 능력을 체크해 보아야 합니다. 온라인 강의를 선택하기 전의 학기보다 노트 필기 능력이 더 중요하고, 정해진 일정보다 앞서서 공부하려는 노력을 해야 합니다. 대면 수업보다 온라인 수업에서는 미루는 경향이 큰 문제가 될 수 있습니다. 온라인 수업을 위해서 학생들은 이전보다 훨씬 더 독립적으로 학습해야 하는 책임이 있습니다. 여러분의 일정을 잘 관리하고, 자주 확인하는 것이 좋습니다.

스스로 열심히 하고자 하는 마음을 다잡으세요. 온라인 수업의 가장 큰 불만 중 하나는 '과제가 너무 많다.'는 것입니다. 대면 수업에서는 실험과 토론 등과 같은 모든 활동이 수업 시간에 이루어집니다. 또한 대면 수업에서 일주일에 과제 하나는 그렇게 많아 보이지 않습니다. 그러나 온라인 수업에서 일주일에 하나의 과제, 하나의 실험, 하나의 토론 내용 제출은 학생들에게 압도적으로 많아 보입니다. 실제로 이 모든 것을 위해 필요한 시간은 대면 수업 중에 사용하는 시간보다 많지 않을 수 있지만, 개인 시간을 쪼개어 사용해야 하므로 완수할 책임은 여러분 각자에게 있습니다.

온라인 수업이 대면 수업인 것처럼 시간 계획을 세우세요. 마치 수업이 없는 것처럼 그 시간을 자유 시간으로 알고 다른 활동이나 아르바이트를 계획하면 안 됩니다. 강의 형태가 어떠하든지, 온라인 수업에는 대면 수업과 거의 동일한 시간을 할애해 놓아야 합니다. 경험에 의하면 (제2장을 참고하세요) 3학점짜리 과목을 하나 이수하기 위해서는 일주일에 적어도 9시간을 투자해야 합니다. 학습이 밀리지 않도록 일주일에 일정한 시간을 정해 놓는 것이 좋습니다. 대면 수업은 일주일에 정해진 양을 학습하도록 진도가 정해집니다. 시험 직전에 모든 내용을 공부하려는 시도는 효과가 거의 없습니다.

수업 진도를 잘 따라가는 것이 중요합니다. 온라인 수업에서 과제가 언급되거나 안내되는 경우에 과제는 마감 시한 1주일 전까지 공지가 되지 않을 수도 있으며, 아예 공지가 없을 수도 있습니다. 교수는 학생들이 매주 각 강의를 성실하게 수강하기를 원하며, 이는 학습과 기억에도 도움이 많이 됩니다. 외국어 과목과 같이 기억력이 많이 필요한 과목에서 1주일 밀리면 끔찍한 일이 생길 수 있습니다.

교수는 학생의 수강 현황을 확인할 수 있습니다. 일주일에 수업에 접속해야 하는 최소 일수에 대한 기준이 있을 수 있습니다. 학생들이 로그인을 자주 하지 않을 경우 점수가 깎일 수 있으며, 오랜 기간 동안 활동이 없다면 이 과목을 포기한 것으로 간주할 수도 있습니다. 교수는 학생이 규칙적으로 수업에 참여하고, 수업 내용을 적절히 소화할 수 있도록 관리합니다. 여행을 간다는 이유는 온라인 수업의 결석 사유가 되지 못합니다.

미루기. 온라인 수업은 학생 스스로 시간 관리를 해야 하기 때문에 미루기가 쉽습니다. 막판까지 과제 제출을 미루고 있다가 혹여나 전기에 문제가 생기거나, 컴퓨터에 오류가 발생하거나 하는 경우에 급히 대안을 마련하기 어렵다면 정말 재앙이 될 수 있습니다.

파일 형식에 따른 지침을 준수해야 합니다. 교수는 과제 제출을 위해 docx, jpg, png, pdf 등과 같은 특정 파일 형식을 지정할 수 있습니다. 이 경우 반드시 지켜야 합니다. 맥 Mac 컴퓨터 사용자의 경우, 온라인 학습 시스템이 인식하지 못하는 경우가 더러 있기 때문에 pdf 파일로 변환해야 할 수도 있습니다.

아울러, 과제물을 업로드할 때 대부분 하나의 파일만 업로드할 수 있으므로 그림이나 표는 문서에 삽입해서 하나의 파일로 만들어야 합니다.

제출한 파일 형식이 유효한지, 교수가 파일을 열어보았을 때 여러분이 의도한 대로 제대로 표시되는지는 모두 여러분의 책임입니다. pdf 파일 형식은 여러분이 작성한 과제의 형태를 그대로 보존해 줍니다. 그래서 문서의 여백, 페이지 구분, 도표나 그림 등 여러분이 의도한 대로 파일이 열리도록 하기 위해 pdf 파일을 사용하는 것이 좋습니다. 그리고 파일을 제출한 후에 그 파일을 다시 한번 클릭하여 내용이 제대로 되었는지를 확인해야 합니다.

필요한 모든 책과 자료들은 미리 주문하여 준비합니다. 수업이 시작되는 첫날에 모두 필요합니다. 실험 과목이나 미술 과목 혹은 별도의 실습을 위해 재료가 필요한 과목은 그 수업에 참여하기 위해 준비가 필요합니다. 별도의 소프트웨어를 다운로드 받아 미리 설치해 놓아야 하거나, 온라인에서는 구할 수 없는 물건을 구비해 놓아야 하는 경우도 있을 수 있습니다.

온라인 수업을 위한 고려 사항

강의 영상. 온라인 수업의 형태는 교수마다, 대학마다 그리고 과목마다 다릅니다. 주로 강의를 하는 과목에서는 교수가 대면 강의를 대체할 영상을 제공합니다. 실제 강의실에서 교수가 강의하는 현장을 담은 동영상일 수도 있고, 파워포인트 영상에 교수의 목소리가 덧입혀진 형태일 수도 있으며, 다른 사람이 만든 영상일 수도 있습니다. 다른 사람이 만든 영상이 제공되더라도 교수의 게으름을 탓할 필요는 없습니다. 교수가 필요한 녹화 소프트웨어를 이용할 수 없거나, 청각장애인을 위한 자막 작업을 할 수 없기 때문일 수 있습니다. 저는 학생들에게 묻기도 하고, 제 질문에 답하도록 하는 저만의 강의 영상을 만드는 것을 선호합니다. 강의 영상 중에 학생들에게 공부하는 방법에 대한 조언과 시험을 대비하기 위한 상당한 힌트를 주기도 합니다. 교과서만 읽는 것으로는 이런 도움을 얻을 수 없습니다.

학습 방법. 제가 제안하고 싶은 가장 중요한 점은 조용한 환경에서 수업을 들을 수 있도록 매주 시간을 정해 놓으라는 것입니다. 대면 수업에 참여하는 것과 똑같이 정확하게 노트 필기를 하고, 휴대폰, TV, 다른 사람, 인터넷 사이트 등에 주의를 빼앗기지 않아야 합니다. 강의 영상을 한 번 본 후에 교과서 본문을 읽고, 그날 배운 내용에 대한 과제를 완료해야 합니다. 정확히 이해되지 않는 부분이 있다면 영상을 다시 볼 수도 있습니다. 제 수업의 수강생 중 한 명은 필기하면서 강의를 들었지만, 복습을 위해 기숙사 청소를 하면서 강의를 다시 들었다고 합니다. 시간 절약을 위한 정말 좋은 방법이라고 말해 주었습니다. 주의가 산만해지지 않는 상황에서 강의를 듣는 것이 학습활동으로서 매우 중요합니다. 그 이후의 복습은 수업의 주제와 세부 내용을 확실히 이해하는 데 도움을 줍니다.

최근 어느 과목의 첫 시험에서 낮은 점수를 받은 학생들과 일일이 연락해서 학습 습관에 대해 이야기를 나누었습니다. 저의 첫 질문은 항상, "강의 영상은 모두 보았니?"였습니다. 낮은 성적을 받은 학생들의 대부분은 강의 영상 전체를 모두 보지는 않았다고 대답했습니다. 심지어 한 학생은 "네? 강의 영상이 있어요?"라고 말했습니다. 저는 그 학생에게 모든 강의 영상을 보고, 꼼꼼하게 노트 필기를 하고, 대면 수업 때처럼 노트를 기반으로 시험을 준비하라고 조언해 주었습니다. 다음 시험을 마치고 그 학생과 다시 이야기를 나누었는데, 그 학생은 다소 신이 나 있었고, 이번에는 저의 조언을 잘 따랐다고 말했습니다. 결과적으로 그 학생은 원하던 B학점을 받을 수 있었습니다.

온라인 수업에서 학습 자료가 별도로 제공되는 경우가 더러 있습니다. 이를 대비해 강의는 큰 화면으로 보는 것이 도움이 됩니다. 가급적 핸드폰이나 태블릿보다는 컴퓨터를 이용해서 학습에 임하도록 해야 합니다. 온라인 학습관리시스템의 여러 기능이 소형 디바이스에 최적화되어 있지 않을 수 있습니다. 어떤 학생들은 강의 영상을 대형 화면의 스마트TV로 보기도 합니다. 여러분이 온라인 수업 시간에 여행을 가게 되더라도 꼭 노트북을 챙겨가는 것이 좋습니다.

노트를 가까이에 두고, 필기를 많이 할 마음을 먹으세요. 교수가 영상에서 질문을 하거나 강의 중에 상호작용하는 기능을 추가해 두었다면, 동영상을 일시 중지하고, 반응해야 합니다. 이 같은 습관은 여러분이 학습에 더 집중할 수 있도록 해 줍니다. 약 20분의 강의 영상이 이상적인 분량입니다. 교수가 그보다 더 긴 영상을 보도록 했다면 잠시 휴식을 취한 후에 이어 듣는 것이 좋습니다.

집중을 방해하는 것들은 온라인 강의에 해가 될 수 있다

주로 토론하는 수업은 강의 영상이 없을 수 있습니다. 대신 이 과목에는 정해진 분량을 읽고 수행해야 하는 활동이 있습니다. 온라인 토론 게시판은 학우들 간의 의사소통이 원활하도록 도와줍니다. 모든 온라인 과제는 정해진 시간에 제출하는 것이 중요하지만, 지정된 시간에 토론에 참여하는 것은 특별히 중요합니다. 여러 학우들이 한 가지 주제에 대해 서로 토의하고, 여러분이 다른 학생의 의견을 읽고 반응하는 것이 보다 중요합니다. 시간이 늦어 다른 학생들이 이미 다른 주제로 넘어갔는데, 그때서야 자신의 의견을 올리는 것처럼 무의미한 일이 없습니다.

같은 과목을 수강하는 학우에게 연락하는 것을 주저하지 마세요. 함께 공부하는 학우들과 매주 전화나 화상회의를 통해 연락하는 것은 서로에게 동기부여가 되고 학습에도 도움이 됩니다. 과제에 대해 상의하고, 서로의 발표 연습을 도와주고, 시험 전에 수업 내용에 대한 퀴즈를 함께 풀어 볼 수도 있습니다.

교수와 상호 작용

"온라인 수업은 독학 수업이 아니다" 온라인 강의에서 흔하게 사용하는 슬로건 중의 하나입니다. 교수에게 연락하는 것을 부담스러워 할 필요가 없습니다. 질문하기 전에 먼저 여러분이 궁금해 하는 내용이 강의계획서, 강의 공지사항 또는 안내 메일 중에 있는지부터 확인해 보세요.

온라인 강의를 하는 교수는 다양합니다. 여러분이 속한 캠퍼스에 있을 수도 있고, 캠퍼스 외부에서 활동하고 있을 수도, 시차가 있는 외국에 있을 수도 있습니다. 정해진 오피스 아워 외의 시간에 교수에게 연락하고자 할 때는 전화를 걸거나 메일을 보내거나 토론 게시판에 질문을 직접 올리는 것이 적절할 수 있습니다. 강의계획서에 교수가 선호하는 연락 방식이

기재되어 있습니다.

메일은 가장 기본적인 의사소통 수단입니다. 다만 답변을 받기 위해서는 충분한 시간을 기다려야 합니다. 매일 수강 과목의 공지사항이 있는지 메일을 확인해야 합니다. 많은 온라인 강의를 하는 교수는 매주 과목의 새로운 소식, 과제에 대한 피드백, 수행할 과제에 대한 안내 등의 내용을 메일로 보냅니다. 특별한 상황에서는 메일이 더 자주 올 수도 있습니다. "저는 메일을 확인하지 못했어요.", "딱 그 강의만 못 들어서 마감 일자를 확인할 수 없었어요."와 같은 말은 납득할 수 없는 변명입니다.

많은 교수들은 강의 내용에 대해 가질 수 있는 질문들을 토론 게시판에 올리기를 원합니다. 이렇게 하면 다른 학생들도 질문과 답변을 볼 수 있게 되어 모든 수강생에게 유익할 수 있습니다. 심지어 일부 교수는 수업 내용에 관한 질문에 대해서는 게시판만을 허용하고 메일에는 답변하지 않기도 합니다. 하지만 개인적인 일로 교수와 연락해야 하는 경우에는 메일이나 전화를 이용하는 것이 좋습니다. 강의계획서에 교수가 응답하는 시간 보통 24시간에서 48시간 정도이 표시되어 있기도 하지만, 과제 제출 한두 시간 전에 질문을 메일로 보내면서 답장 받기를 기대하는 것은 무리가 있습니다.

만일 교수가 캠퍼스 내에 있고, 오피스 아워가 따로 있다면, 그 시간을 활용하는 것이 현명합니다. 특히 그 과목에서 어려움을 겪고 있다면 그 기회를 활용하는 것을 추천합니다. 그런데 오피스 아워가 따로 없는 경우라면, 교수가 여러분을 만나러 캠퍼스로 오는 것을 기대하기 어렵습니다. 여러분은 혹시나 캠퍼스를 방문할 일정이 있는지 여쭈어볼 수는 있지만, 교수가 캠퍼스가 있는 지역에 살고 있지 않다면, 불가능한 일입니다.

다만, 온라인 강의라도 오피스 아워를 대신하여 전화 통화를 하거나 화상회의를 할 수 있는 기회가 주어지기도 합니다. 많은 학습관리시스템이 실시간 채팅 기능을 가지고 있지만, 교수들은 페이스타임 Facetime 이나 스카이프 Skype 를 즐겨 사용하기도 합니다. 혹시 교수가 선호하는 방식이 있는지 강의계획서를 확인해 보기 바랍니다.

일부 온라인 강의 교수들은 전화로 의사소통하는 것을 싫어할 수 있지만, 보통은 복잡한 질문이 있다면 기꺼이 전화 통화하는 것을 선호할 수 있습니다. 학생이 정말 많은 질문을 가지고 있거나, 어려운 상황에 처했거나, 힘겨운 문제에 발버둥치고 있는 상황이라면 저는 꼭 통화를 해야 한다고 생각합니다. 많은 질문을 메일로만 주고받고 하는 것이 때로는 시간이 너무 많이 걸려 서로가 힘들 수 있습니다. 만일 강의계획서에 전화번호가 표시되어 있다면 통화가 가능한 시간을 정확히 확인해야 합니다. 전화번호는 있지만, 통화가능한 시간대가 적혀 있지 않다면, 먼저 교수에게 메일을 보내서 통화하기에 편한 시간을 확인해보는 것도 좋습니다. 명심할 것은 절대로 휴일이나 밤중에는 전화하면 안 됩니다.

온라인 강의를 하는 교수에게 추천서를 요청하는 학생은 거의 없습니다. 모든 과목을 온라인으로 수강하는 과정의 학생이라면 선택의 여지가 없겠지만, 대부분의 경우, 대면 강의를 하는 교수들이 학생에 대해 더 잘 알고 이해하는 편입니다. 온라인 강의 과목을 수강하면서 자신의 능력을 드러낼 수 있는 기회가 많지는 않지만, 프로젝트를 상당히 뛰어나게 수행한다든지, 발표를 잘 한다든지, 남다른 수준의 보고서를 제출하는 방법으로 능력을 발휘할 수 있습니다. 물론 오피스 아워에 교수를 방문하거나, 전화 통화를 통해 상담하면서 교수와 더욱 가까워질 수도 있습니다.

여러분이 학교를 졸업하고 취업한 후에도, 전문성을 개발하기 위한 온라인 교육 과정 또는 새로운 기술을 익히기 위한 온라인 수업을 수강할 수 있습니다. 대학생 때 온라인 강의 수강 경험이 미래에 닥칠 낯선 상황에도 편안함을 느끼게 해줄지도 모릅니다.

교수님, 이거 시험에 나와요?

제3부

교수와 소통하기

제8장

오피스 아워,
지금 만나러 갑니다!

　제 수업에 성적이 저조한 신입생이 한 명 있었습니다. 그 학생이 제출하는 모든 퀴즈 답안지에 계속 '나를 만나러 오렴.'이라고 적었습니다. 결국, 저는 수업이 끝나고 나가려던 그 학생을 불러서 학업에 도움을 줄 수 있는 방법을 찾으려고 만나자고 했는데, 왜 만나러 오지 않았냐고 물었습니다. 이야기를 나누던 중에, 학생은 '만나는 방법'이 무엇인지를 몰랐던 사실을 알게 되었습니다. 결국 오피스 아워 office hour 에 대해 제대로 몰랐던 것입니다.

　학생은 오피스 아워가 제가 연구실에 있을 수 있는 유일한 시간이라고 생각했습니다. 그래서 그 유일한 시간에 할 일이 너무 많을 것이라고 지레짐작했고, 방해하고 싶지 않았습니다. 저뿐만 아니라 다른 모든 캠퍼스에 있는 교수들은 학생을 위한 시간을 특별히 구분해 놓는 것이 일반적이라고 설명했습니다. 그리고 다음날 제 오피스 아워에 방문하기로 약속했습니다. 마침내 학생이 저를 찾아왔고, 연구실 문 앞에 서서 이야기 했습니다. "우와! 누구나 올 수 있고, 아무 질문이나 해도 된다고요?!" 그럼요, 누구나 할 수 있습니다!

오피스 아워란 무엇일까요?

　모든 대학의 모든 교수들은 오피스 아워가 있어야 합니다. 오피스 아워는 '오픈 하우스 open house'처럼 학생이 수강하는 강의와 관련된 일이라면 편하게 들러서 교수와 이야기를 나눌 수 있는 시간을 의미합니다. 게다가 여러분은 그 오피스 아워에 방문하겠다고 미리 통지할 필요도 없습니다.

오피스 아워가 나에게 필요할까요?

　여러분이 고등학생 때는 거의 매일 선생님을 만났습니다. 한 과목만 가르치는 선생님이라도 최소 150번 이상은 만나게 됩니다. 수업 시간에는 편하게 질문을 할 수도 있었고, 흥미로운 주제나 문제에 대해서는 이야기도 자유롭게 나눌 수 있었습니다.

　대학 시스템은 고등학교와 다릅니다. 대부분의 과목은 일주일에 두 차례 혹은 세 차례 강의이고, 학기로 따지면 대략 30회에서 45회의 강의입니다. 과목마다 수강생은 50명 이상인 경우도 있고, 때로는 수강생이 수백 명에 이르기도 합니다. 대학의 많은 과목은 교수가 강의하는 형식인데다가 교수가 여러분을 개인적으로 알 수 있는 기회도 적을뿐더러, 여러분이 질문을 편하게 할 수 있는 기회도 거의 없습니다. 그래서 오피스 아워를 이용해야 합니다. 결국 오피스 아워도 수업의 연장입니다.

　수강하는 과목 때문에 어려움을 겪는 학생들은 좀처럼 오피스 아워 때 방문하지 않다가, 기말고사가 끝난 후에야 그 과목이 너무 힘들었다고 불평한다며 교수들은 하소연합니다. 강의 초반에 교수를 만나서 "이 과목이 너무 어려워요."라고 말하는 것이 훨씬 좋습니다. 교수가 그 어려움을 이겨내는 방법을 알려 줄 수도 있습니다. 단순히 강의 내용이 '너무 어렵다'

는 걸까요? 아니면 여러분이 그 수업을 제대로 수강할 수 있을 만큼 학문적으로 준비되어 있지 않은 걸까요? 수강 신청 취소 기간이 지나서 어쩔 수 없이 그 과목 때문에 학기 내내 쩔쩔매기보다는 개강 첫 주 오피스 아워에 교수를 찾아가 이야기를 나누는 것이 훨씬 좋습니다.

오피스 아워 때 교수를 찾는 가장 중요한 이유는 바로 여러분이 도움을 필요로 하기 때문입니다. 여러분은 아마 과제 때문에 고생하고 있을 것이 분명합니다. 또 대부분의 교수들이 시험을 대비해서 별도로 복습을 해주지 않기 때문에 여러분은 시험공부를 하면서 자연스레 질문이 많이 생길 것이 분명합니다.

시험 때 틀린 문제를 세어보았는데 시험 점수와 일치하지 않아서 확인하고 싶고, 왜 이 답이 틀린 것인지 이해가 되지 않을 때는 오피스 아워를 이용해야 합니다. 직접 방문하는 것이 메일로 묻는 것보다 훨씬 생산적이며, 교수는 여러분이 높은 점수만 바라는 것이 아니라, 잘못된 원인이 무엇인지에 관심이 있다는 사실을 이해할 수 있습니다.

다른 한편으로 여러분이 수업 때 다뤘던 주제에 대해 관심이 있고, 더 길게 이야기를 나누고 싶기 때문에 방문할 수도 있습니다. 강의 중에 의견을 말하고 싶었지만 강의 시간이 촉박해서 어려웠을 수 있습니다. 아니면 여러분이 강의 도중에 물어보기에는 부끄러움을 많이 타는 성격일 수도 있습니다. 아무리 사소한 질문이라도 직접 물어보는 것을 권합니다. 보통의 교수들은 자신의 학생이 자신이 가르치는 과목에 흥미를 느끼고 궁금한 점이 많아지는 것을 매우 좋아합니다. 여러분은 배우기 위해 대학에 진학했고, 오피스 아워 때 교수를 방문하는 것은 배우기 위한 방법 중 하나입니다.

어떤 교수는 학기가 끝날 때까지 여러분의 이름을 모를 수 있습니다. 특히나 수강생이 많은 개론 수업에서는 더욱 그렇습니다. 그러나 오피스 아워 때 방문하는 것은 교수가 여러분을 개인적으로 알 수 있게 되는 계기가 됩니다. 여러분은 강의 내용에 대해 이야기를 나눌 수 있고, 여러분의 진로와 목표에 대해서도 상담할 수 있습니다. 결국 여러분은 출석부에 있는 여러 명의 학생들보다 더 의미 있는 학생이 될 수 있습니다.

언젠가 추천서가 필요할 시기가 옵니다. 취업을 위해서, 인턴 지원을 위해서, 장학금을 신청하기 위해서, 경쟁이 치열한 대회에 나가기 위해서 등등 교수의 추천을 받아야 할 때가 올 수 있습니다. 여러분이 몇 분의 교수와 친밀한 관계를 형성하고 있다면, 추천서를 부탁드릴 때 교수는 기꺼이 수고를 아끼지 않을 것입니다. 추천서를 부탁드릴 때도 직접 뵙고 말씀드리면 여러분을 기억하는 데 더 도움이 됩니다. 메일로 요청 드려야 하는 상황일 때는, 추후에라도 방문 계획을 잡는 것이 좋습니다(추천서와 관련된 내용은 제10장을 참고하세요).

교육 진로나 취업 진로에 대해 상담할 수 있습니다. 전반적인 대학생활에 도움을 받을 수 있도록 대학에서 여러분에게 교수를 지정해 주었다 하더라도, 때로는 어떤 과목에 대한 자세한 내용이나 다른 의견을 듣는 것이 필요할 수 있습니다. 여러분이 어떤 과목을 수강한 후, 이어서 수강할 과목에 대해 좋은 통찰력insight을 줄 수도 있습니다. 또한 마케팅 분야가 여러분에게 적합한 전공인지 결정하는 데 도움을 주거나, 진로에 도움이 될 수 있는 과목이나 교수를 추천받을 수도 있습니다. 아울러 다음 학기에 수강하기로 마음먹은 과목을 강의하는 교수를 미리 만나볼 수도 있습니다.

중요한 개인적인 문제를 꺼내 놓아 보세요. 학생은 강의 시간에 졸거나 결석하는 문제를 넘어 수업에 참여하고 학습에 영향을 미치는 심각한 개인적인 문제를 겪을 수 있습니다. 보통의 교수라면 그런 학생의 문제를 쉽사리 지나치지 않고 도움을 주기 위해 노력합니다. 여러분이 결석할 수밖에 없거나, 마감 일자를 지킬 수 없는 사정에 대해 교수가 충분히 알고 있다면, 엄격한 규칙을 적용하는 데 유연해질 수 있습니다. 메일을 보내는 것보다는 직접 만나서 설명하게 되면 더 효과적이겠지요.

미래의 지도 교수를 선정해 보세요. 여러분은 마지막 학년 때, 졸업 프로젝트를 수행하기 위해서 누군가에게 지도 교수가 되어 달라고 요청해야 할지도 모릅니다. 여러분이 어느 교수와 친밀한 관계를 유지하고 있다면 매우 간단한 일이 될 수 있습니다.

왜 학생들은 오피스 아워를 충분히 활용하지 않을까요?

뭘 어떻게 해야 할지 모릅니다. 학생들은 오피스 아워가 무엇인지 모르기도 하고, 어떻게 이용하는 것인지도 모릅니다. 모르는 것에 대한 두려움이 있다면, 새로운 사람을 만나는 것, 새로운 상황이나 꼭 필요하지 않은 상황에 처하는 것을 주저하게 만듭니다. 여러분이 만일 이 경우에 해당한다면, 다른 학우와 함께 첫 발걸음을 떼어 보는 것도 좋습니다. 아니면, 여러분이 여쭙고자 하는 질문을 메일을 통해 먼저 시작해서 그 어색함을 없애는 것도 좋습니다. 이렇게 한번 시작해 보면 어떨까요? "교수님, 저는 다음에 제출해야 할 보고서 주제를 정하는 데 어려움을 겪고 있습니다. 오늘 오후 오피스 아워에 잠시 방문해서 이야기를 나누고 싶습니다."

저의 딸이 대학 신입생 시절에 친구들이 교수를 어려워한다고 말했습니다. 딸은 부모가 교수였기 때문에 꽤 많은 교수를 알고 있었고, 교수는 지극히 평범한 사람이라는 것을 알고 있었습니다. 딸은 오피스 아워에 교수를 만나러 가는 것에 주저함이 없었습니다. 반면 딸의 친구들은 딸이 교수들을 만나며 교류하는 것을 편안하게 생각하는 것에 오히려 놀라워했습니다. 여러분도 똑같이 할 수 있습니다. 한번 해보세요!

문제가 생긴 학생들만 오피스 아워를 이용하는 것이 아닙니다. 수강하는 과목에 문제가 없으면 도움이 필요하지 않은 걸까요? 맞는 말일 수 있지만, 공부에 어려움이 없는 학생도 교수에게 자신을 더 잘 알릴 수 있는 기회를 갖는 것이 좋습니다.

극단적인 상황에 처했을 때에야 오피스 아워를 찾습니다. 그러나 교수는 자신의 오피스 아워가 응급실처럼 되는 것을 원치 않습니다. 문제가 아직 커지지 않았을 때 방문해야 도움을 적절히 받고 절망적인 상황을 피할 수도 있습니다.

어떤 학생들은 자신이 도움을 받아야 한다는 것에 적잖이 당황합니다. 조금 더 읽고, 필기 노트를 더 훑어보고, 문제를 좀 더 풀어보면, 모르던 모든 문제가 자연스레 이해될 것이라 생각합니다. 정말 멋진 질문을 준비하지 못해 교수에게 그저 그런 학생처럼 보이고 싶어 하지 않습니다. 때로는 자신이 읽기 자료를 제대로 읽지 않았거나, 과제가 밀리기도 했고, 전반적으로 수업 진도를 제대로 따라가고 있지 않기 때문이기도 합니다. 수업 진도를 성실하게 따라가는 것이 큰 도움이 됩니다. 그러면서 공부하는 과정에서 생긴 질문으로 리스트를 작성하는 것도 유익합니다.

어떤 학생들은 직접 만나는 것보다 메일이 낫다고 생각합니다. 여러분이 가진 질문이 간단한 질문이라면, 괜찮습니다. 하지만 답변 내용이 길어질 것이라고 판단된다면, 가급적 오피스 아워를 이용하거나, 별도의 약속을 잡거나, 강의가 끝나고 나서 여쭈어보는 것이 좋습니다. 자세한 설명이 필요한 질문이라면 직접 뵙고 여쭈어보는 것이 가장 좋습니다.

학생은 늘 바쁩니다. 학생들은 때때로 수업, 공부, 과외 활동, 가정사

등으로 자신의 일정을 과도하게 계획하는 경향이 있습니다. 수업 시간에 출석하는 것만으로도 바쁘고, 오피스 아워는 자신의 일정에 도저히 맞지 않는다고 말합니다. 하지만 정해진 오피스 아워가 여러분의 일정과 맞지 않는다면, 개인적으로 시간 약속을 잡는 것이 여러분이 납부한 대학등록금을 최대한 활용하는 방법입니다.

여러분을 위해 퀴즈를 준비했습니다. 정답을 골라보세요.

- 자신의 오피스 아워에 학생이 거의 찾아오지 않을 때, 교수가 할 수 있는 판단으로 적절한 것은? (이 페이지 아래에 정답이 있습니다)[17]
  1. 학생들이 공부를 너무 잘해서, 나의 도움이 필요하지 않다.
  2. 내가 강의를 너무 잘해서, 더 이상 나의 도움이 필요하지 않다.
  3. 학생들이 나를 좋아하지 않기 때문에, 나와는 이야기를 나누고 싶어 하지 않는다.
  4. 학생들은 공부를 미루고 있으며, 아마도 퀴즈나 중간고사 전날에 몰아서 할 것이며, 그 이후에는 몰려올 것이다.

찾아갔는데 교수가 바쁜 것 같다면?

교수와 일대일로 마주앉아 대화를 나누는 것이 조금 두렵다고 가정해 봅시다. 그 점이 여러분의 단점으로 드러날까 걱정됩니다. 이런 마음으로 교수의 연구실이 있는 복도를 걸어갑니다. 문에 다가갔는데, 이미 다른 학생과 화학식을 화이트보드에 적어가며 설명하고 있습니다. 여러분은 방해

◇◇◇◇◇◇◇◇

17 4번을 골랐다면 정답입니다! 과제가 어렵거나, 수업 내용에 이해가 안 가는 부분이 조금이라도 있으면 오피스 아워 때 방문해야 합니다.

가 될까 염려되어 인기척 없이 지나치려고 합니다. 그런데, 지나치지 마세요! 여러분을 볼 수 있도록 문 앞에서 잠시 멈춰 서서 여러분이 기다리고 있다는 것을 정중하게 알릴 수 있습니다. 교수는 여러분을 초청해서 잠시 이야기 나누던 문제에 대해 함께 이야기를 나눌 수 있고, 이전 대화를 서둘러 마무리하고, 새롭게 방문한 여러분과의 대화로 넘어갈 수 있습니다. 아마 교수가 여러분을 보았다면, 잠시만 기다려 달라고 이야기할 것입니다. 그렇다면 여러분은 앞서 방문해 있는 학생에게 방해가 되지 않도록 연구실 밖에서 잠시 기다렸다가 교수가 다시 부를 때 들어가면 됩니다.

오피스 아워 활용법

학기 초에 방문해 보세요. 종강이 다가오는데 오피스 아워가 도움이 될까 고민하는 것은 별로 의미가 없습니다. 중간고사 이전에 적어도 한 번 정도는 교수를 만나 보세요. 조언을 꼭 들어야 할 큰 고민거리가 없더라도 한 번이라도 만나서 이야기를 나눈다면, 교수에게 여러분이 최선을 다하고 있다는 긍정적인 인상을 남길 수 있습니다. 간단한 질문을 해도 괜찮고, 강의 중에 있었던 토론에 대해 의견을 말해도 괜찮고, 그냥 "교수님의 과목을 정말로 즐겁게 수강하고 있어요. 다음 학기에 수강할 만한 사회학과 과목을 추천해 주실 수 있나요?"라는 말도 괜찮습니다. 나중에라도 실제로 문제가 생겨 교수를 찾아와야 할 때 다소 편한 마음으로 방문할 수 있습니다.

누구인지를 밝혀주세요. 여러분이 교수의 연구실에 나타났을 때, 교수가 여러분의 이름을 알 것이라고 절대 예상하지 마세요. 여러분은 자신의 이름과 수강하고 있는 과목을 언급하며 자신을 소개해 주세요. 여러분이 수강하는 과목이 소규모 세미나 강의가 아니라면, 교수가 여러분의 얼굴과 이름을 제대로 기억하기란 쉬운 일이 아닙니다. 하지만 오피스 아워에 방문한 학생이라면 교수는 여러분의 얼굴을 기억할 수 있을 겁니다.

준비해야 합니다. 오피스 아워에 방문하기 전에 여러분은 질문을 정리해야 합니다. 그냥 방문해서 "교수님 과목은 아무것도 이해가 안 가요."라거나 "어제 수업을 결석했는데, 제가 알아야 할 내용이 있나요?"와 같은 말은 하면 안 됩니다. 여러분이 왜 방문했는지에 대한 정확한 이유가 있어야 의미 있는 대화를 할 수 있고, 좋은 인상을 남길 수 있습니다. 도움을 요청하기 전에 여러분의 노트 필기를 살펴보고, 수업 내용과 과제를 점검해 보고 도움이 필요한 내용을 정리해 보세요.

예전에 한 학생이 각양각색의 포스트잇과 메모지를 붙여 놓은 교과서와 필기 노트를 들고 방문한 적이 있었습니다. 그 학생은 신속하면서도 정확하게 표시해 놓은 미적분 문제를 찾아내고, 자신이 도움을 얻고자 하는 세부 내용을 조리 있게 설명해서 감탄한 적이 있습니다. 상당히 생산적이면서도 효율적인 방문이었습니다. 특히 문 밖에서 다른 학생이 순서를 기다리고 있는 상황이라면 교수와 긴 시간을 보내지 못할 수도 있습니다. 그러니 가장 중요한 질문을 잘 준비하고 구체적으로 설명해야 합니다.

오피스 아워 남용 금지!

많은 학생이 오피스 아워를 필요로 한다는 사실도 알아야 합니다. 오피스 아워의 존재 목적을 잘 기억하고, 스스로 해낼 수 있는 일인데도 오피스 아워를 과도하게 이용하는 것은 바람직하지 않습니다.

교수는 오피스 아워를 필요로 하는 모든 학생들에게 그 시간을 분배해서 사용해야 합니다. 강의 과목 수를 감안하면 그 학생의 수는 150명 이상일 수 있습니다. 어떤 학생들은 오피스 아워를 한 번도 활용하지 않습니다. 하지만 모두가 공평하게 공유해야 하는 오피스 아워를 몇몇 학생들이 독점하는 것은 좋지 않습니다. 오피스 아워 때 방문하면 시간을 너무 쓰지 않는 게 좋습니다. 교수가 보내는 신호를 주시해야 합니다. 연구실에서 이야기를 나누고 있는데, 복도에서 누가 오랜 시간 기다리고 있는 상황이 아니라면 계속 있어도 됩니다. 반면에 누군가가 기다리고 있다면 방문하게 된 중요한 이유에 대해서 서둘러 이야기를 나누고 다음 학생을 위해 자리를 비켜주어야 합니다. 그리고 도움을 주신 교수에게 감사의 표시를 하는 것은 언제나 현명하고 정중한 태도입니다.

여러분이 늘 불안하고 자신이 없다고 느끼더라도 교수에게 너무 의존하지 않아야 합니다. 그러면 얼마나 자주 가도 될까요? 그것은 여러분이 교수에게 여쭤보고자 하는 질문에 따라 다릅니다. 여러분이 일주일에 두 번씩 찾아가고, 도움이 없이는 아무것도 할 수 없는 상황이라면 여러분은 교수에게 너무 많이 의지하는 것입니다. 이런 경우라면 오히려 다른 방법을 찾는 것이 좋습니다. 몇몇 대학에서는 튜터링 센터 tutoring center 를 운영하며 학생들에게 도움을 주고 있는데, 상당히 효과적입니다. 아니면 개인적으로 배울 수 있는 선생님을 찾는 것도 좋은 방법이며, 이 경우 교수의 추천을 받을 수 있습니다.

내 일정표와 시간이 맞지 않는다면?

오피스 아워로 정해진 시간에 여러분이 계속 다른 수업이 있거나, 오피스 아워가 되기 전에 도움이 필요한 상황이 급히 생길 수 있습니다. 대부분의 교수는 강의계획서 또는 연구실 문 앞에 오피스 아워 외에도 상담 예약이 가능하다고 명시해 놓습니다. 그 예외적인 상황을 이용하면 됩니다.

이렇게 별도로 시간 약속을 했다면, 반드시 약속한 시간에 연구실에 방문해야 하며, 변경할 경우에는 미리 양해를 구하고 시간을 변경해야 합니다. 여러 가지 일들로 미처 약속을 지키지 못할 수 있지만, '약속을 깜빡했어요.', '급히 다른 할 일이 생겼어요.'라는 변명은 이유가 되지 못합니다. 항상 교수의 시간을 존중해야 합니다. 교수가 여러분과의 예외적인 약속 시간을 잡느라 일정을 조정했을 수도 있기 때문에 예정된 일정에 차질이 생기면 꼭 미리 알려야 합니다. 여러분이 그 약속을 지킬 수 없다는 것을 알게 되자마자 전화를 하거나 메일로 미리 약속을 취소해야 하고, 약속 시간이 거의 다 되어서 약속을 지킬 수 없게 되었을 때는 가급적 빨리 양해를 구하고 다시 시간 약속을 잡아야 합니다.

그냥 잠깐 들러도 될까요?

정해진 오피스 아워는 내 일정표와 맞지 않고, 도움은 필요한 상황이라면 어떻게 해야 할까요? 교수가 안에 계시는지 연구실에 한번 가도 될까요? 하지만 여러분이 편한 시간에 언제든지 교수를 만날 수 있다고 생각하면 안 됩니다. 오피스 아워 외에 어느 시간에 시간을 내 주실 수 있는지 메일로 여쭤 보는 것이 현명한 방법입니다.

교수가 연구실에 혼자 있다는 사실이 여러분을 만나서 도움을 줄 수 있는 시간이라는 것을 의미하지 않습니다. 여러분이 바쁘고 분주한 것처럼, 교수도 할 일이 너무 많습니다. '오피스 아워'라고 특정한 시간을 정해 놓은 이유는 교수가 자신이 해야 할 일을 방해받지 않고 효율적으로 하면서도 학생들과 보낼 수 있는 시간을 확보하기 위한 목적입니다.

앗, 오피스 아워인데 안 계시네?

때때로 정해 놓은 오피스 아워인데도, 교수가 연구실 안에 없는 경우가 있습니다. 문이 열려 있는데, 안에 아무도 없다면 밖에서 잠시 기다려 보세요. 아마도 교수는 근처에 있고, 곧 돌아올 것입니다.

문이 닫혀 있다면 노크를 해 보세요. 안에서 들어오라는 목소리가 들릴 수 있습니다. 노크해도 답이 없다면 근처에 계실 수도 있으니 잠깐 기다려 보세요. 회의에 잠시 참석하러 갔을 수 있지만 곧 돌아올 것입니다. 기다리는 동안 필기 노트를 보며 질문을 정리하는 것도 좋습니다. 교수가 돌아왔을 때 핸드폰을 보고 있는 것보다는 좋은 인상을 줄 수 있습니다.

여러분은 학과사무실에 가서 오피스 아워 때 뵙고 싶어서 방문했지만 자리에 안 계신다고 정중하게 확인을 요청할 수도 있습니다. 학과사무실에 계시는 직원은 계속 기다리는 것이 좋을지, 만날 수 없을 것 같은지 확인해 줄 수도 있습니다. 만일 그날 만날 수 없게 되었다면 교수에게 메일을 보내는 것도 좋습니다. "오늘 오피스 아워에 잠시 방문했었지만, 안 계셔서 뵐 수 없었습니다. 혹시 내일 오전에 잠시 뵐 수 있을까요? 제 보고서의 각주 서식에 대해 몇 가지 여쭤 볼 내용이 있습니다."

올바른 오피스 아워 활용은 대학 졸업 후의 삶에도 영향을 미칩니다

여러분이 대학원에 진학하게 된다면, 지도 교수와의 시간 약속을 현명하게 관리할 수 있습니다. 또한 네크워킹은 사회생활에서 필수적인 능력인데, 교수들과의 만남을 통해서 관계 형성을 연습해 볼 수 있습니다. 동료 사무실에 불쑥 찾아가는 것도 필요할 수 있지만, 상대방의 원활한 업무 진행을 존중할 필요가 있습니다.

오피스 아워를 효율적으로 활용하는 대학생들은 대학 경험치를 상당히 높일 수 있습니다. 꼭 오피스 아워를 이용해 보세요!

제9장

이메일에도 에티켓이 있어요

가을학기에 강의하기로 예정된 대수학 과목의 첫 수업을 10분 앞둔 시간이었습니다. 메일함에 새로운 메일이 도착했다는 알람이 울렸습니다. "제가 교수님의 대수학 과목을 신청했습니다. 오늘 조금 늦을 것 같아서 미리 양해를 구합니다. 저는 지금 빨래를 하고 있는데, 태어나서 한 번도 빨래를 해 본 적이 없어서 건조기 돌아가는 시간을 과소평가했습니다. 건조기 앞에서 기다리고 있는데, 5분에서 10분 정도 더 걸릴 것 같습니다. 정말 죄송합니다. 제이콥 드림"

"내가 이런 내용까지 알아야 해?" 중얼거리며 삭제 버튼 눌렀습니다. 그리고 수업을 위해 발길을 서둘렀습니다.

대학 강의를 처음 시작했을 무렵에는 학생들이 교수와 연락할 수 있는 방법이 전화를 하거나 직접 방문하는 방법, 이 둘뿐이었습니다. 그 시절이었다면 제이콥은 아마 자신의 빨래 문제 때문에 이 두 방법을 통해 저에게 연락하지는 않았을 것입니다. 제이콥이 자신의 지각에 대해 사과하고 싶었다면, 수업이 끝난 후 잠시 남았다가 설명할 수 있었을 겁니다. 그러나 수업을 10분 앞둔 상황에서 메일을 저렇게 보내다니요. 저런 설명은 저에게 의미가 없었습니다.

메일과 문자 메시지의 등장으로, 전화는 거의 울리지 않고, 오피스 아워를 이용하는 학생도 줄었습니다. 그러나 학생이 교수에게 메일을 쉽게 보낼 수 있다는 것은 고무적인 일입니다. 그만큼 쉽게 연락할 수 있다는 것을 의미합니다. 그런데 학생들은 낮이고 밤이고 어느 때나 강사에게 특이한 질문, 변명거리, 떠오르는 생각을 보내는 것을 너무 쉽게 생각합니다. '발송' 버튼을 누르기 전에 여러분은 반드시 고민해야 합니다. '이 메일을 꼭 보내야 할까?'

효과적인 메일 소통을 위한 조언

학생들은 으레 메일을 친구들과 사적으로 사용하는 의사소통 도구라고 생각합니다. 대학에서는 적절한 메일의 형식과 내용을 가르쳐 주지 않습니다. 그러나 학생이 보내는 메일은 교수에게 깊은 인상을 남깁니다. 좋은 인상을 남길 수 있는 메일을 쓰기 위한 몇 가지 조언을 하고자 합니다.

내용을 한눈에 알아볼 수 있도록 제목란을 활용합니다. 예를 들어, '스페인어 교습을 위한 선생님을 찾습니다.'라고 제목줄에 적는다면 수신자는 그 내용을 쉽게 알아볼 수 있습니다. 여러분의 교수가 나중에 메일을 다시 찾게 될 때, 아마도 빨리 찾기 위해 제목줄을 활용할 것입니다.

정확한 직함을 사용하여 인사말을 작성합니다. '스미스 교수님께' 또는 '안녕하세요, 스미스 박사님'의 표현은 나이, 성별, 인종에 관계없이 전문가에 대한 적절한 존경을 표현해 줍니다. 교수의 성 last name [18]을 사용하되, 철자는 정확하게 쓰도록 유의합니다. 여러분이 만일 교수보다 나이가 많더라도, 교수와 여러분은 사회적인 위치가 다릅니다. 부적절한 인사말

◇◇◇◇◇◇◇◇◇

18 옮긴이. 우리나라에서는 성과 이름을 모두 쓰는 것이 바른 표현.

에 수신자가 불쾌함을 느끼지 않도록 유의하세요.

수강 과목을 알려주세요. 과목명이나 과목 번호(예를 들어 ENG102의 3반 등)를 언급하는 것이 좋습니다. 일부 교수들은 같은 과목명이라도 분반을 하여 강의하기도 합니다.

핵심을 말하세요. "좋은 하루를 보내고 있으신지 궁금합니다. 이 일로 번거롭게 해드려서 죄송합니다. 하지만 여러 사람에게 물어보았는데, 아는 사람이 없었습니다. 도서관에 물어보는 것이 좋겠다고 해서 물어보았는데, 도서관에서도 역시 몰랐습니다. 그래서 교수님께 여쭤 보려고 합니다. 여쭤보아도 괜찮을지 염려됩니다. 제가 묻고 싶은 것은, 스페인어 교습을 위한 선생님을 추천해 주시겠어요?" 이렇게 장황하고 두서없이 말하는 것은 피하세요.

메일을 중요한 소통 수단으로 생각하세요. 만일 질문 내용이 자신의 노력으로 해결할 수 있는 것이라면 본인이 스스로 답을 찾아야 합니다. 강의계획서를 확인하거나, 주변의 학우에게 궁금한 정보를 물어볼 수 있습니다. "기말고사는 몇 시에 시작하나요?" 또는 "이번 주에 수업을 두 번 결석했는데, 제가 알아야 할 내용이 뭐가 있나요?"와 같은 질문이 이에 해당합니다.

결석한 사유에 대한 구구절절 긴 설명은 피하세요. 의도는 좋을지 몰라도, 실제로는 불필요한 메일이며, 교수의 메일함을 채울 뿐입니다. 시험을 놓치지 않았다면 왜 시험장에 본인이 갈 수 없었는지 설명할 필요도 없습니다. 그래도 본인의 결석 사유를 설명하고 싶다면 꼭 요점만 말하는 것이 좋습니다. 학생이 "발에 문제가 생겨서 오늘 수업에 출석할 수 없습니다."라는 메일을 썼다면, 교수는 다음과 같이 여러 가지로 해석할 수 있습니다.

1. 나는 뼈가 부러졌고, 깁스까지 했다.

2. 내 발에 물집이 생겼다.

3. 아무 문제없다. 그냥 수업에 안 가고 싶다.

"발목을 접질렀습니다. 응급실 의사선생님이 내일까지 걷는 것을 피하라고 권했습니다. 오늘 오후 수업에 빠져서 죄송하지만, 제 친구에게 수업 내용을 전달받을 수 있습니다."와 같이 구체적인 정보를 전달하는 것이 좋습니다.

끝맺음 인사를 남깁니다. 여러분은 아무 쓸데없다고 생각할지 몰라도, '감사합니다.'라는 마지막 인사가 효과를 발휘할 때가 있습니다.

저기, 오늘 수업에 빠졌는데 수업 내용이 뭔가요?

모든 교수가 싫어하는 메일

마지막에는 여러분의 이름을 정확하게 남깁니다. 때로 학생들은 메일을 받은 교수가 보낸 사람이 누구인지 직접 찾아서 알아낼 수 있다고 생각합니다. 이는 마치 이름 없는 편지를 받고 발신자가 누구인지 알아내기 위해 반송 주소지를 찾아가 그 사람을 알아낼 것이라고 기대하는 것과 같습니다. 메일 주소가 현재 학생 이름과 일치하지 않을 수도 있습니다. 마사 커티스 Martha Custis 는 신입생 때 'mcustis@xxx.edu'라는 메일 주소를 발급받았지만, Martha Washington이라는 이름으로 교육을 마쳤습니다. 대학에서는 메일 주소를 새로 발급해 주지 않기 때문에 메일 주소만으로 학생을 찾아내기가 쉽지 않습니다.

학교 메일을 사용하세요. 대학은 대학 내 프로그램을 통해 메시지를 대량 발송하기도 합니다. 이 메시지는 대학에서 발급한 메일로 발송됩니다. 일부 대학에서는 교직원이 학교 메일이 아닌 외부 메일로 학생과 소통하는 것을 금지하기도 합니다. 메일을 발송할 때 메일 주소를 꼭 확인하세요. 그리고 학교 메일을 날마다 확인하세요. 학교 메일을 주 메일로 사용하면 모든 학교 소식을 하나의 메일로 받을 수 있습니다. 학교 메일을 제때 확인하지 않아, "메일을 확인하지 못해서 놓쳤어요."라는 말은 변명이 될 수 없습니다.

교수가 여러분에게 메일을 보냈다면 꼭 답장을 합니다. 또한 수강생 전원이 받은 메일이 아니라, 혼자만 받은 메일이라면 반드시 답장을 해야 합니다. 예를 들어 "어제 제출한 리포트에 그래프가 누락된 것 같은데?"라고 메일을 교수가 보내왔다면, 예의상이라도 일반적인 답장이 필요합니다. 둘 사이에 메일이 오고 갈 때 교수가 답장하는 것을 멈출 때까지 답장을 해야 합니다. "오늘 아침 중간고사를 안 봤네? 무슨 일이 있니?"처럼 안부를 묻는 것처럼 보여도 여러분이 24시간 이내에 답장하지 않으면 교수는 학생처에 요청해서 사람을 보내 무슨 일이 있는지를 확인할 수도 있습니다.

메일은 인상을 남깁니다. 비속어, 이모티콘, 줄임말을 사용하거나 문자 메시지처럼 보내는 메일은 교수에게 보내는 메일로서 적절하지 않습니다. 입사 지원서 같은 곳에서도 쓰면 안 됩니다. 바른 철자, 표준어, 구두점 그리고 적절한 단어 선택이 차이를 만들어 냅니다. 메일은 '친선 편지'가 아니라 '비즈니스 편지'처럼 다루어야 합니다.

메일을 보내기 전에 한번 생각해 보세요. 자신이 무기력해 보이거나, 너무 의존적인 것처럼 보일까 염려되고, 메일이 '그냥 걱정돼서 …'라는 내용이라면 보내지 않아도 될 만한 내용입니다. 다음은 충분히 주고받을 만한 가치가 있는 메일의 예시입니다.

- "목요일 오후 4시에 혹시 시간이 되시나요? 중간고사 때 저지른 실수에 대해서 몇 가지 궁금한 점이 있어서, 조언을 얻고 싶습니다."
- "오늘 수업에 부득이 결석을 했습니다. 식중독에 걸렸습니다. 보건소에서 최소 24시간 동안은 집에 머무르라고 권했습니다. 다행히 함께 수업을 듣는 친구가 오늘 수업 내용을 공유해 주었습니다. 월요일까지는 몸 상태나 학습 상태가 정상으로 돌아가기를 희망하고 있습니다."
- "과제 목록에는 432페이지에 65번이 포함되어 있습니다. 하지만 그 페이지에는 실제로 65번 문제가 없습니다. 혹시 다른 문제가 생길까봐 염려되어 메일 드립니다."
- "추천서를 써주셔서 정말 감사합니다. 덕분에 장학금을 받았습니다!"

'발송' 버튼을 누르기 전에 보내려는 내용을 다시 읽어 보세요. 다시 읽으며 교정하면 메시지가 더 명확해지고 자연스러워집니다. 엉성한 메일은 좋지 않은 인상을 남깁니다. 파일을 첨부하는 경우에는 원하는 파일이 잘 첨부되었는지 꼭 확인하세요.

회신은 얼마나 빨리 올까요? 대학 문화에서 자주 사용되는 표현 중에 '메일은 교수의 친구가 아니야.'라는 말이 있습니다. 이른 아침 메일함을 열어보기가 무서울 정도로 교수는 많은 메일을 받습니다. 교수가 학생의 메일을 기다렸다는 듯이 읽고, 바로 회신할 것이라고는 기대하지 않는 것이 좋습니다.

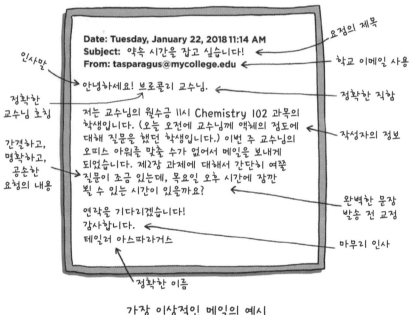

요정의 제목

Date: Tuesday, January 22, 2018 11:14 AM
Subject: 약속 시간을 잡고 싶습니다!
From: tasparagus@mycollege.edu

학교 이메일 사용

인사말

안녕하세요! 브로콜리 교수님.

정확한 직함

정확한
교수님 호칭

저는 교수님의 월수금 11시 Chemistry 102 과목의 학생입니다. (오늘 오전에 교수님께 액체의 점도에 대해 질문을 했던 학생입니다.) 이번 주 교수님의 오피스 아워를 맞출 수가 없어서 메일을 보내게 되었습니다. 제2장 과제에 대해서 간단히 여쭐 질문이 조금 있는데, 목요일 오후 시간에 잠깐 뵐 수 있는 시간이 있을까요?

작성자의 정보

간격하고,
명확하고,
공손한
요청의 내용

완벽한 문장
발송 전 교정

연락을 기다리겠습니다!
감사합니다.
테일러 아스파라거스

마무리 인사

정확한 이름

가장 이상적인 메일의 예시

교수는 하루 24시간 내내 메일함을 실시간으로 확인하지 않습니다. 그리고 회신은 주로 업무 시간 내에 옵니다. 만일 업무 시간 외에 회신이 왔다면 운이 좋은 것입니다. 금요일에 메일을 보냈다면, 일요일까지 답장을 받지 못했다고 메일을 또다시 쓰는 것은 좋은 생각이 아닙니다.

정말 중요한 일로 메일을 보냈는데, 24시간 내에 답장을 받지 못한 경우에는 연구실로 전화하거나 직접 찾아가는 것도 좋은 방법입니다. 그래야 문제가 생겼을 때 일을 해결할 수 있는 시간적 여유를 벌 수 있습니다.

메일 vs 연구실 방문

여러분은 온라인으로 일을 처리하는 것에 익숙할 수 있습니다. 쇼핑, 인터넷 뱅킹, 운전면허 갱신 등은 직접 방문하는 것보다 온라인으로 하는 것이 훨씬 편할 수 있습니다. 그러나 직접 대면해야 하는 상황도 많습니다.

메일은 교수와 학생 사이에 인간미 없는 차가운 벽을 만들기도 합니다. 저는 제 학생들을 직접 만나서 이야기 나누는 것을 좋아합니다. 학생들을 더 잘 알 수 있고, 복잡한 문제가 있는 경우에는 도움을 적절히 줄 수 있습니다.

단순한 문제는 메일을 통해서 잘 해결됩니다. "제가 오늘 오후 2시에 연구실에 잠시 들러서 제 퀴즈 시험지를 받아가도 될까요?"라는 내용은 메일로 충분합니다. "제가 이 과목에서 어느 수준에 있습니까?"라는 것은 직접 만나 이야기를 나누어야 할 질문입니다. 만일 두세 문장으로 핵심을 짚을 수 있는 상황이 아니라면 연구실을 직접 찾아가야 하는 상황일 가능성이 큽니다.

여러분이 복잡한 수식이나 도표가 필요한 수학 문제나 공학 문제에 도움이 필요하다고 가정해 봅시다. 직접 대면하면 매우 쉽습니다. 단순히 답을 얻기 때문만이 아니라, 좀 더 이야기를 나누게 됨으로써 유익을 더 얻을 수 있습니다.

상의하고 싶은 개인적인 문제가 있다면, 연구실로 찾아가 교수를 만나세요. 여러분의 건강 문제, 룸메이트와의 문제, 우울증, 가족과 관련된 문제들은 일반적이며, 흔히 일어날 수 있습니다. 이런 문제는 학업의 방해물이기도 합니다. 또한 개인 성적을 포함하여 메일 수신자 이외의 사람들에게 알려지기를 원하지 않는 내용인 경우에도 가급적 메일을 이용하지 않는 것이 좋다고 생각합니다. 메일은 사적인 소통 도구라고 생각하지 않습니다.

불만사항은 특히 직접 대면하는 것이 좋습니다. 댄이라는 학생이 자신의 경험을 일러주었습니다. 댄은 교수에게 그 과목을 수강하는 학생들에 대한 기대가 너무 크다고 불평하는 메일을 보냈다고 합니다. 그 교수는 "만나서 이야기 나누자."라고 회신을 보냈습니다. 학생은 찾아갔고, 유익한 토론을 통해서 교수의 관점을 이해하는 데 도움이 되었다고 했습니다. 메일로는 불가능한 일입니다. 그리고 토론이 끝난 후에 교수는 "자, 이제네 메일의 말투에 대해서 이야기해 볼까?"라고 말했다고 합니다. 물론 댄도 그 토론을 통해서 많은 것을 배웠습니다.

만일 여러분이 메일로 불만사항을 전달해야 한다면, 성난 표현보다는 우려 정도로 표현을 바꾸는 것이 좋습니다. 직접 만나서 이야기를 나눴다면 어떻게 표현했을지를 생각해 보세요. 아마 더 공손하고 건설적으로 표현했을 것입니다. "이 과목의 과제량은 터무니없이 많습니다!"라는 표현 대신에 "저는 제때 과제를 마치는 데 어려움을 겪고 있습니다. 과제 양이 저에게 조금 많습니다."라는 완곡한 표현을 쓸 수 있습니다. 공손한 메일인지와 상관없이 교수는 만나서 이야기 나누고 도울 방법 찾아보자며 여러분을 연구실로 초대할 수 있습니다.

메일이라는 도구가 없어서 학생은 교수 연구실을 방문해서 직접 대면하여 이야기할 수밖에 없는 상황이라면, 아마도 지금처럼 불만 제기를 아무렇게나 하는 경우는 많지 않을 것이라 생각합니다. 한밤중에 본인의 방에 앉아 불평을 타이핑하기는 쉽습니다. '오늘 시험은 너무 어렵고 불공평

했어요!'라는 표현은 교수와 토론하기 위한 표현이라기보다 자신의 SNS에나 적을 만한 내용입니다.

눈에 띄고 싶으세요? 그렇다면 여러분의 교수에게 인사치레의 메일이라도 보내서 깜짝 놀라게 해보기를 추천합니다. 예를 들어 이런 메일이 가능할 수 있습니다. "오늘 수업 후에 제가 한 질문에 답변해 주셔서 감사합니다. 덕분에 모든 것이 잘 이해되었습니다. 감사합니다."

메일은 간결하면서도 정중하게 중요한 정보를 전달하는 전문적인 소통수단입니다. 메일을 제대로 사용하는 방법을 배우는 것은 대학 졸업 후의삶을 위한 훈련의 일부이기도 합니다. 여러분이 지금 좋은 습관을 갖게 되면 더 큰 결실을 맺을 수 있습니다.

제 10 장

추천서를 받아 봅시다!

　한 학생이 어느 회사 인턴에 지원하기 위해 추천서를 부탁한 적이 있습니다. 마감 시한이 얼마 남지 않아서 추천서를 바로 작성했습니다. 그런데 추천서를 회사에 업로드를 해야 하는데, 그 정보를 알려주지 않았습니다. 학생을 다시 만났을 때, 무슨 일이 있었던 것인지 물었습니다. 결국 학생은 인턴에 지원하지 않기로 결정했다는 사실을 알게 되었습니다. 우선 계획을 바꿨으면서도 저에게 알려주지 않은 사실에 대해 놀랐습니다. 그리고 그 짧은 시간에 제가 학생을 도우려고 했던 노력을 물거품으로 만들어 버린 것이 얼마나 큰 문제인지를 제대로 인식하지 못하고 있다는 사실에 또 한 번 놀랐습니다. 1년 후 그 학생은 대학원 진학을 위해 추천서를 다시 요청했습니다. 이전에 있었던 일 때문에 좋은 말을 써주어야 할지 고민이 되었습니다.

추천서는 수행평가와 같습니다

　대학생활은 다양한 경험을 쌓고, 여러 기술을 연습하면서, 나의 능력을 시험해 보는 기간입니다. 어느 누구도 여러분을 위해 좋은 말로만 꾸며서

포장해 주지 않습니다. 여러분이 취업을 하거나 대학원에 진학했지만, 실제로 자질이 부족했다고 판단된다면 오히려 추천자에게 좋지 않은 영향이 미치게 됩니다. 대학에서 자신의 실질적인 능력을 키우고, 교수가 자신을 안심하고 추천할 수 있도록 자신과 자신의 성과를 알리는 것이 여러분이 해야 할 일입니다. 여러분이 이 책의 다른 장들을 이미 읽었다면, 추천서에 어떤 내용들이 여러분을 돋보이게 할 수 있는지를 잘 알고 있을 것이라 생각합니다. 그러면 이제는 추천하는 절차에 대해 알 필요가 있습니다.

추천서 부탁하기

모든 학생은 추천서가 필요한 일이 생깁니다. 대학생이라면, 여름방학 아르바이트, 회사 인턴, 대학 편입, 장학금 신청, 포상 추천 등을 위해 추천서가 필요합니다. 졸업이 가까우면 보통 취업이나 대학원 진학 등 인생의 다음 단계로 나아가기 위해 추천서가 필요할 수 있습니다.

어떤 분께 추천서를 부탁해야 할까요? 여러분에 대해 가장 잘 알고, 가장 긍정적이고, 흥미로운 말을 해 줄 수 있는 분께 요청해야 합니다. 그 교수는 여러분의 학문적인 성장과 더불어 개인적인 인성과 자질에 대해 익숙할 것입니다. 그러나 추천서 내용이 긍정적일 것으로 확신되지 않는다면 추천서를 요청하면 안 됩니다. 교수는 학생에게 친절을 베풀기 위해 추천서를 늘 긍정적으로만 쓰는 것은 아닙니다.

시작을 메일로 하는 것도 좋습니다. 교수께 자신을 추천해 주실 수 있는지, 추천서를 작성할 시간적 여유가 있는지를 정중하게 여쭤 보세요. 곁들여서 왜 추천이 필요한지와 마감 기한을 간단히 알려드리면 더욱 좋습니다. 교수 입장에서는 학생이 연구실에 마주 앉아 있을 때보다는 추천 요청을 거절하기 훨씬 쉽습니다. 여러분 입장에서도 추천서를 구걸하듯 받고 싶지 않고, 열정적인 추천을 받고 싶겠지요.

왜 자신이 추천서를 받을 만한지에 대해 간단히 언급해 주면 더 좋습니다. 예를 들면, "제가 여름방학 기간 동안 교수님의 연구 프로젝트에 참여했었습니다. 그래서 저의 대학원 진학을 위해 연구 부문에서의 저의 경험과 열정에 대해서 교수님의 의견을 말씀해 주셨으면 합니다."

여유를 두고 부탁하세요. 보통 추천서는 2~3부가 필요합니다. 추천서를 받고자 할 때는 최소 마감 시한 한 달 전에 부탁해야 합니다. 추천서를 공들여 쓰는 데는 시간이 많이 필요합니다. 허락된 시간이 짧으면 짧을수록 여러분이 기대하는 추천서의 눈높이에 맞지 않을 수 있습니다.

메일로 부탁한 후에는 교수를 직접 만나기 위한 약속을 잡으세요. 추천서를 읽는 사람이 누구냐에 따라 추천서를 보는 시각이 달라질 수 있으니, 대학원 진학, 취업, 인턴, 장학금 등 추천서를 사용하고자 하는 정확한 목적과 내용에 대해 설명해 드려야 합니다. 대학원을 진학할 때나, 취업을 하고자 할 때는 보통 여러 곳에 지원하는 경우가 많습니다. 그런 경우라면, 지원하고자 하는 곳의 목록, 마감 시한, 추천서 제출 방법을 정리해서 알려드려야 합니다.

대부분의 추천서는 온라인으로 제출합니다. 그러나 간혹 추천서 원본을 우편으로 발송해야 하는 경우라면 미리 우표가 붙어 있고, 수신처가 적혀 있는 봉투를 드려야 합니다. 교수가 직접 대학의 서류봉투를 사용해야 하는 경우라면 주소 라벨과 우표를 드리는 것도 좋습니다. 추천서에 첨부해야 할 별도의 작성 서류가 있는 경우에는 먼저 여러분이 작성해야 할 부분을 작성한 다음, 출력하여 본인이 먼저 서명한 후에 교수께 전달해야 합니다.

여러분이 어딘가에 지원하는 단계에서 추천해 주실 분의 연락처를 사전에 입력해야 한다면, 교수의 이름과 연락처를 입력하기 전에 추천 교수한 분 한 분의 동의를 우선 구해야 합니다. 추천자인 교수에게 개인적으로 연락이 올 수 있다는 사실을 미리 알고 있어야 하며, 메일로 연락이 오는 경우는 특히 그렇습니다. 알지 못하는 사람에게서 메일을 받는다면 스팸 처리를 해 버리거나, 중요하지 않은 메일로 무시해 버릴 수도 있습니다.

추천서 원본을 여러분이 직접 받아야 할까요? 어떤 교수는 자신이 작성한 추천서를 학생이 읽는 것을 아무렇지도 않게 생각할 수 있지만, 흔한 경우는 아닙니다. 학생들은 보통 추천서 내용을 보지 않겠다는 열람 포기 서약에 서명할 것을 요청받습니다. 저 또한 제가 쓴 추천서를 보지 않겠다는 서약이 없으면 어떤 추천서도 쓰지 않습니다. 제가 솔직한 마음으로 추천서를 쓴다는 사실을 알게 된다면 추천서를 받아서 읽게 되는 사람도 조금 더 진지하게 그 내용을 읽으리라 생각합니다. 학생이 저의 추천서를 직접 받아 지원 서류와 함께 봉투에 넣어서 발송해야 하는 경우라면, 저는 제가 작성한 추천서를 봉인하고, 봉인 부분에 서명하여 학생에게 건네 줍니다.

교수가 여러분에 대한 기억이 생생할 때 추천 받는 것이 가장 좋습니다. 여러분과 연락이 끊긴 지 여러 해가 지났다면, 교수가 여러분을 추천하기가 매우 어렵습니다. 특히 그 교수가 강의하는 수업을 한 과목만 수강했고, 그마저도 시간이 많이 흘렀다면 여러분을 적극적으로 추천할 만한 내용을 기억해 내기란 더 어렵습니다. 여러분이 수강하던 과목이 종강을 했거나 대학을 이미 졸업했어도 여러분을 잘 아는 교수와 연락을 계속 유지하면서 진로와 향후 계획들을 공유하고 있다면 여러분에게 큰 도움이 될 수 있습니다.

언젠가 한 학생이 저의 연구실에 찾아와 해병대 장교 지원을 위한 추천서를 요청한 적이 있었습니다. 그런데 그 학생은 2년 전에 제 과목을 수강했던 학생이었습니다. 저는 그 학생에 관한 기억이 꽤 많았지만, 유독 이름이 잘 기억나지 않았습니다. 게다가 학생은 제 연구실 문 앞에 서서, 다음 수업이 있다며 주 후반에 들러서 추천서 양식을 전달해 주겠다는 말만 남기고 수업에 달려가 버렸습니다. 그리고 약속대로 추천서 양식을 전달해 주었는데, 그 양식에 자신의 이름을 적는 것을 빠뜨렸습니다. 제가 마감을 놓치지 않도록 추천서 제출 마감 시한 일주일 전에 저에게 메일을 보내달라고 요청했는데, 학생이 메일을 보내주었고 다행히 거기에 이름이 적혀 있었습니다. 이후 그 학생은 자신의 임관식에 저를 초청했고, 제 추천서가 충분히 역할을 했겠구나 하고 생각했습니다.

또 한 학생은 해외 체험 프로그램에 참여하기 위해 국외에 체류하면서 저에게 메일을 보내왔습니다. 학생은 제 연구실에 직접 오지 못하기에 자신의 사진을 첨부해서 보냈습니다. 제가 가르친 과목에서 수업 참여율이 높았던 뛰어난 학생이었기에 단번에 기억해 냈습니다. 제가 다른 학생과 혼동하지 않도록 사진을 보내준 것은 현명한 방법이었습니다.

졸업하기 전에 추천서를 부탁하세요. 저 같은 경우 학생을 위해 추천서를 쓰게 되면, 그 파일을 잘 저장해 둡니다. 나중에 다시 추천서 작성 요청을 받으면, 별 어려움 없이 그 편지를 수정해서 써 줄 수 있습니다. 그런데, 지원하는 곳에서 추천자에게 특별한 질문에 대해 답해 달라는 요구가 있기도 합니다. 이 경우 시간이 많이 흘렀다면 답변하기가 곤란합니다. 제시카 스미스(특별하지 않은 평범한 이름입니다)라는 학생이 졸업한 지 3년이나 흘러서 저에게 추천서 작성을 요청했습니다. '음…' 저는 그 학생이 평소 맨 앞줄에 앉아 수업을 들으며 초월수 transcendental numbers 에 대해 발표를 했던 학생이었는지, 왼쪽 한쪽에 앉아서 소수 밀도 density of primes 에 대해 발표를 했던 학생이었는지 혼동되었습니다. 학생이 직접 제 연구실로 와서 부탁을 했으면, 그 학생에 대해 더 많은 내용을 기억해 냈을 수도 있습니다. 결국 저는 그 학생에 대해 확실한 기억을 떠올릴 수 없어서 추천서 작성을 거절했습니다.

어떻게 하면 교수님이 저를 잘 알게 될까요? 강의 시간에 그저 '출석'을 잘했던 학생에 대해 추천서를 잘 써주는 것은 쉬운 일이 아닙니다. 여러분이 해야 할 중요한 일은 교수에게 여러분의 능력과 성과를 직접적으로 보여주는 것입니다. 교수가 쓰는 추천서는 여러분의 성적표가 알려주는 것 이상으로 학생에 대한 식견을 보여주어야 합니다. 여러분이 주도적으로 자신과 자신의 능력을 교수가 충분히 알 수 있도록 노력해야 합니다.

우선 수업에 완벽하게 참석하고, 과제를 훌륭하게 수행하는 것으로부터 시작할 수 있습니다. 사소한 것이지만, 이 둘만으로도 여러분의 존재를 드러낼 수 있습니다. 그리고 오피스 아워에 꼭 방문합니다. 특히 여러분이 나중에 추천서를 부탁드릴 수 있을 만한 교수에게는 꼭 방문해야 합니다.

보통 2학년이 끝나는 시점에 여러분이 전공하려는 학과에서 지도 교수를 선정하게 됩니다. 아마도 여러분이 한 과목 이상 수강했던 과목의 교수일 가능성이 큽니다. 그리고 향후 2년 동안 그 지도 교수는 여러분이 남은 대학생활을 계획하고 공부하는 과정에서 여러분을 더욱 잘 알게 될 것입니다.

교수의 연구 프로젝트에 참여하거나 시험 채점 도우미로 일하거나 졸업 논문을 함께 작성할 기회를 찾아보는 것도 좋습니다. 이 같은 경험은 교수가 여러분에 대해 충분히 알 수 있을 만한 배경이 될 수 있고 추천하기에 좋은 통찰을 제공해 줍니다.

가끔 학생들이 추천서 작성에 참고하라며 자신의 이력서를 보내 주기도 합니다. 하지만 꼭 필요하지는 않습니다. 학생들은 자신의 교과 외 활동까지 제가 모두 확인해 주기를 원할 수도 있습니다. 하지만 제가 추천서를 쓰는 데 별로 도움이 되지 않습니다. 저는 제가 직접적으로 경험한 것에 대해서 쓸 테니까요. 학생이 축구팀에서 열심히 활동하는 것에 대해 제가 의견을 쓰는 것은 적절치 않습니다. 축구팀 코치가 써야 할 부분이니까요. 어떤 학생이 인턴을 했다는 사실을 알고, 저와 그 학생이 그 인턴 활동에서 경험했던 흥미로운 문제들에 대해 토론한 경험이 있다면, 저는 그 경험을 바탕으로 학생의 근면함과 문제 해결 능력에 대한 저의 이해를 충분히 쓸 수 있습니다. 그러나 단지 이력서를 통해 인턴 경험이 있다는 것을 아는 것만으로 추천서에 그 내용을 언급하는 것은 적절하지 않다고 생각합니다.

여러분은 스스로를 차별화할 필요가 있습니다. 추천을 요청하는 곳의 상당수는 지원자의 능력을 추천자가 경험한 모든 학생과 비교(피추천자는 상위 10% 학생입니까? 상위 25% 학생입니까? 상위 50% 학생입니까? 하위 50% 학생입니까? 등)하여 평가해 달라는 문항이 있습니다. 이는 다른 학생과 비교할 때 차별성이 있어야 한다는 것을 의미합니다. 여러분이 적극적으로 여러분의 능력을 교수에게 드러내주지 않는다면 교수는 여러분을 대단하게 추천할 수 있는 명분이 없습니다.

추천서의 문항은 매우 다양하지만 대개는 분석 능력, 커뮤니케이션 능력, 작문 능력, 대인관계 능력, 협업 능력, 외부 의견 수용력, 정서적 성숙성, 창의력, 위기 대처 능력, 자기주도력, 일정 관리 능력, 리더십, 자립 능력 등의 항목에 대해 평가해 달라는 내용을 포함합니다. 추천서가 필요한 순간이 왔을 때, 이런 항목들에 대해 교수님의 긍정적인 평가를 이끌어내기 위해 어떻게 해야 할지를 미리 생각해 보아야 합니다.

A학점 학생이 아니어도 추천서를 요청할 수 있을까요? 성적이 아니더라도 자신을 차별화할 수 있는 방법이 많이 있습니다. 제 미적분학 수업 수강생 중에 수학적으로 그리 뛰어나지 않은 한 신입생이 있었습니다. 그 학생은 C학점을 받았으며, 아마도 원인은 대수학에 대한 이해가 별로 좋지 않았기 때문이었던 것 같습니다. 그 학생은 오피스 아워에 자주 찾아왔고, 도움을 주는 과정에서 그 학생을 많이 알게 되었습니다. 졸업 학년이 되었을 때, 저에게 취업을 위한 추천서를 부탁했습니다. 부탁을 하면서도 자신의 성적이 별로 좋지 않다고 말했습니다. 하지만 성적표가 알려주지 못하는 능력에 대해 교수인 제가 충분히 이해하고 있을 것이라고 생각한다며 부탁했습니다. 네, 맞습니다. 저는 그 학생의 꾸준함, 질문하는 능력, 개념을 이해하고 문제를 해결하고자 하는 끈기, 그리고 긍정적인 태도를 정확히 이해하고 있었습니다.

그 학생은 다른 학우와 함께 협력하는 능력, 높은 학점을 받기보다는 새로운 개념을 배우는 것에 대한 열정, 그리고 한 번도 결석하지 않은 기록을 가지고 있었습니다. 저는 그 장점들을 설명하는 멋진 추천서를 썼습니다. 그 추천서 안에는 성적표는 보여주지 못하지만 기업의 인사담당자에게 감동을 줄 만한 많은 정보가 담겨 있었습니다.

또 다른 주의 사항

아직 추천서가 접수되지 않았다면 어떻게 해야 할까요? 일반적으로 지원하는 과정에서 이용하는 프로그램을 통해 자신의 지원 현황을 모니터할 수 있습니다. 추천서를 요청했으나 마감 시한이 다 되었는데도 아직 접수되지 않은 경우에는, 교수께 정중하게 확인 요청 메일을 보내야 합니다. 교수들은 늘 분주하게 지내다 보니, 의도치 않게 중요한 일을 놓치는 경우도 생깁니다. 그렇게 메일로 알려드리면 교수는 오히려 매우 고마워할 것입니다.

교수 한 명에게 너무 많은 추천서를 부탁하지 않도록 주의하세요. 대부분의 추천은 온라인으로 이루어집니다. 교수는 온라인 설문과 함께 추천서를 업로드할 링크를 전달 받습니다. 추천 요청은 형식과 마감 시한이 제각각입니다. 그래서 많은 추천을 한다는 것은 책임은 크지만 실행하기가 매우 힘든 일입니다. 교수가 일단 한 학생에 대한 추천서를 써서 컴퓨터에 저장을 하게 되면, 다른 요청에 맞도록 조금 다듬는 것은 어렵지 않습니다. 하지만 학생이 새롭게 지원하게 되는 곳은 특정 분야에 대한 구체적인 의견을 요청하기도 하므로 지원하는 곳마다 새롭게 다듬는 작업이 필요합니다. 추천을 위해 각기 새로운 웹에 방문해서 각기 다른 질문에 답변하고 제출하는 사소해 보이는 일들의 총량을 감안한다면, 추천하는 일은 쉬운 일이 아닙니다. 한 학생이 15개의 대학원에 지원하려고 한다면, 추천받는 일은 정말 어려운 일이 될 수 있습니다. 꼭 기억해야 합니다. 교수는 여러분을 위해 호의를 베푸는 것입니다. 과도하면 안 됩니다!

고마움을 표시하세요. 추천서를 교수에게 요청할 때, 여러분은 부탁을 하는 입장입니다. 비록 교수가 해야 하는 영역에 속하지만, 편하게 자신의 일로 받아들이기 쉬운 일이 결코 아닙니다. 추천자에게 늘 고마워해야 합니다. 메일로 감사를 표시하는 것도 좋고, 교수의 우편함으로 전해지는 감사 편지는 정말 의미 있는 감사의 표현이 될 수 있습니다. 또한 저를 포함한 추천자들은 학생들의 지원 결과 또한 매우 궁금해 합니다. 가능하면 그 정보를 포함해 주면 좋습니다.

선물을 해도 될까요? 저는 예전에 추천서를 써주었던 학생에게 감사 편지를 받은 적이 있습니다. 편지 안에는 20달러짜리 기프트 카드가 들어 있었습니다. 저는 학생이 감사의 마음을 표현해 준 것에 고마워하면서, 추천서를 쓰는 것은 제가 하는 일의 일부라고 말하며 학생에게 돌려주었습니다. 교수들은 학생이 고향에서 가져온 크랜베리 잼 한 병, 직접 만든 책갈피, 휴일에 만든 쿠키 한 봉지처럼 오히려 뜻밖의 상황에서 받는 작은 마음의 표시에 더 감동받습니다. 마음을 표시할 때도, 추천서를 써 준 것에 대한 감사보다는 "강의 잘 들었습니다."와 같은 표현이 더 좋습니다. 아무튼 추천에 대한 감사 메시지 정도면 충분합니다!

여러분께 제안합니다. 신입생인 1학년 기간 동안 여러분이 졸업할 때 받고 싶은 추천서를 직접 한번 써 보세요. 그리고 매년 업데이트를 해보세요. 작성한 대로 잘 진행된다면 여러분은 매년 여러분의 능력과 자질을 새로운 차원으로 업그레이드 할 수 있게 될 것입니다. 그리고 여러분이 스스로 계획한 대로 차근차근 해 나간다면 교수들은 여러분을 기꺼이 추천할 수 있습니다.

교수님, 이거 시험에 나와요?

제4부

성공적인
대학생활을 위한
추가 조언

제11장

좋은 성적은 직접 만드는 것!

개강 후 2주 정도 지나면, 근심 가득한 신입생들이 생기기 시작합니다. 첫 번째 쪽지 시험을 잘 치르지 못했다며 눈물을 보이며 연구실을 찾아오는 이들도 있습니다. 쪽지 시험을 망쳐서 이번 학기 전체가 실패했다고 생각합니다. 더군다나 이들은 고등학교에서 상위권 학생들이었습니다. 저는 이들을 진정시키고, 제가 줄 수 있는 최선의 조언과 함께 더 나아질 거라는 확신을 심어 줍니다. 이렇게 하면 보통은 괜찮아집니다.

왜 대학에서 좋은 성적을 받기 어려울까요? 공부할 내용은 더 어려워지고, 경쟁은 더 치열하고, 집중을 방해하는 요인들은 대학 도처에 있습니다. 학생들은 그저 그 과제만 제출하면 좋은 성적을 얻을 것이라고 기대합니다. 그저 수업에 출석하고 과제를 제때에 제출하는 것만으로는 충분하지 않습니다. 좋은 성적은 교수가 주는 것이 아니라, 학생이 노력해서 얻는 것입니다. 주관적으로 성적이 매겨지는 과목에서 상위 성적은 최선의 수업 참여와 교수와의 교감 또는 제출하는 탁월한 리포트에게 돌아갑니다. 이를 위해 몇몇 학생에게는 익숙하지 않을 수 있는, 상당한 노력과 자기주도성이 필요합니다. 여러분이 수강하는 과목 중에는 중간고사와 기말고사 결과에 성적 가중치가 높은 과목이 있을 것입니다. 고등학교에서 정기적인 시험을 통해 전반적인 성적을 끌어올리는 것에 익숙한 신입생들에게는 조금 어려운 적응일 수 있습니다.

시험은 여러분이 생각했던 것보다 어려워 보일 수 있습니다. 그러나 고득점자가 없도록 시험 문제가 출제되기도 하고, 성적은 상대평가로 매겨집니다. 한 학생은 자신이 치른 어느 시험에서 58점을 받고 너무 실망했었다고 말한 적이 있습니다. 나중에 그 과목 성적이 B+라는 것을 알기 전까지 말이지요.

만일 여러분이 고등학교 때 최상위권 학생이었다면, 대학 성적이 그렇게 좋지 않더라도 너무 실망하지 않기를 바랍니다. 새로운 환경에서 최선을 다하는 방법을 터득하는 데 시간이 조금 걸릴 수 있습니다. 몇 개의 B와 C학점이 여러분의 전체 대학생활을 망치지 않습니다. 자신이 완벽하지 못하다고 고민하지 마세요. 어느 누구도 완벽하지 않습니다.

공부를 일찍 시작하고 꾸준히 하세요. 이미 치른 쪽지 시험이나 중간, 기말고사 등을 복습해 주는 교수는 상당히 드뭅니다. 스스로 공부하는 방법을 찾아야 합니다. 좋은 성적을 받는 학생들은 그 과목을 꾸준히 공부해 가는 도중에 시험을 마주하게 됩니다. 시험 직전의 공부 시간과 학생이 얻는 성적과는 직접적으로 비례하지 않습니다. 낮은 성적에 실망한 학생들이 이렇게 토로합니다. '하지만 나는 시험공부를 정말 열심히 했다고!' 문제는 시험 기간이 되기까지 기다렸다가 공부를 시작하는 것입니다. 시험을 위한 공부를 일찍 시작했다면, 도움이 필요할 때 미리 도움을 받을 수 있습니다. 오히려 시험 전날 밤에는 적절한 시간에 취침하는 것이 좋습니다. 때때로 숙면이 밤샘 공부보다 더 성공적일 수 있습니다.

수업 시간에 필기를 하세요. 홈페이지에 교수가 강의 자료를 올려 놓았어도, 어쨌든 필기를 하세요. 필기는 강의에 집중하게 해 주고, 정보를 저장하고 처리하는 데 도움을 줍니다. 파워포인트 자료를 사전에 인쇄하고, 그 여백에 필기하는 것도 권하지 않습니다. 필기를 필요한 만큼 충분히 못하기 때문입니다. 칠판이나 파워포인트 자료를 카메라로 찍어 남기는 것은 교수(혹은 동료 학생)가 불쾌하게 느낄 수도 있습니다.

노트북보다는 손으로 필기를 하세요. 모든 것을 필기하려고 노력하지는 마세요. 노트북을 사용하는 학생들 중에는 모든 강의를 옮겨 적으려는 경향이 있는데, 이는 새로운 정보를 기호화하는 뇌의 능력에 방해가 될 수 있습니다. 손으로 필기하는 사람은 가장 중요한 요점을 선별하고 요약하는 데 몰두합니다. 두뇌 연구에서도 사람들이 손으로 필기할 때 정보 처리를 더 잘한다는 점을 보여 줍니다. 프린스턴 대학의 팸 뮬러 Pam Mueller 와 UCLA의 다니엘 오펜하이어 Daniel Oppenheimer 는 손으로 필기한 학생들이 기억능력과 개념문제 풀이 부분에서 더 나은 성과를 보인다는 점을 발견[19] 했습니다.

필기를 마친 후, 48시간 이내에 필기한 내용을 복습하세요. 수업 시간에 공식이나 정의를 적어왔다면, 외우기 전에 교과서에서 그 내용을 확인하세요. 다소 헷갈리는 내용이 조금이라도 있다면, 교수의 오피스 아워에 찾아가 물어보세요. 시험공부를 해야 할 때까지 기다리지 마세요.

스터디 그룹을 만드세요. 학생들이 함께 공부하면 서로 도울 수 있고, 토론할 수 있습니다. 강의실은 모든 이에게 발언과 피드백 기회를 주지 않지만, 스터디 그룹은 줄 수 있습니다. 그룹 안에서 친구에게 무언가를 설명하면, 오히려 내 자신의 이해를 더 견고하게 해 줍니다. 또한 친구의 관점을 통해 다른 통찰력을 얻을 수도 있습니다. 스터디 그룹 시간을 미리 정해 놓으면 공부 진도에도 도움이 됩니다.

핵심 개념을 잘 이해하세요. 객관식 문제의 문항에서 잘 찾아낼 수 있는 정도를 넘어 개념을 설명할 수 있도록 준비하세요. 단순하게 사실을 암기하는 것이 아니라 내용에 대한 깊은 이해를 가져야 합니다. 대학 과정은 더 높은 수준의 사고를 요합니다.

공지사항을 잘 따르세요. 모든 과제의 안내문을 재차 확인하고, 요구사항을 모두 충족했는지 꼭 확인해야 합니다. 때때로 학생들은 그것도 해야 하는지 몰랐다며 학점에 대해 불평하곤 합니다. 요구 사항들은 대개 과제 안내문에 명시되어 있거나, 채점기준표 rubric(세부 채점 항목이 명시된 안내문)에 기재되어 있습니다. 학생들이 읽지 않았거나 따르지 않은 결과입니다. 강의계획서에 적혀 있는 과제, 마감 시한, 제출 절차 등을 자주, 그리

◇◇◇◇◇◇◇◇

19 Mueller, Pam, and Daniel Oppenheimer. "The Pen Is Mightier Than the Keyboard." Psychological Science 25, no. 6 (April 2014): 1159–68.

고 꼭 확인해야 합니다.

과제의 어느 부분이 이해가 가지 않거나 불명확할 경우에는 질문하세요. 직접 설명을 듣기 위해 연구실을 방문하는 것이 최고의 방법입니다. 요구 사항을 확실히 알고 있다면 더 자신감 있게 시작할 수 있습니다.

채점기준표가 없다 해도, 성적을 매기기 위한 나름의 기준이 교수의 머릿속에는 있습니다. 맞는 내용을 간단히 제출해서 얻게 되는 최소 점수부터, 기대를 뛰어넘는 정도의 대단한 내용을 제출했을 때 얻게 되는 최고 점수에 이르기까지 그 범위는 매우 넓습니다. 적당히 하는 것은 교수가 좋은 점수를 주기에 충분하지 않습니다.

마감 시한을 지키세요. 본인의 일정표에 각 과목의 시험일과 과제 마감 시한을 표시해두는 것이 좋습니다. 종종 학생들은 다른 건 모두 잘하는데 유독 마감 기한을 지키지 못하는 경향이 있습니다. 과제 분량이 많고 시간이 많이 필요한 과제는 미리 준비하고, 자신만의 중간 기한을 정해두면 더 좋습니다.

점수에 반영되지 않는 읽어오기와 같은 과제라도 모두 충실히 하세요. 그 과제도 나름 목적이 있습니다. 이 과제들은 성적에 반영되는 항목의 점수를 잘 받도록 자연스레 준비시켜 줍니다. 수학처럼 기술적인 과목에서는 답만 찾으려고 하지 마세요. 새로운 문제를 접했을 때, 자신 있게 접근할 수 있도록 개념과 과정을 익혀야 합니다.

기말고사를 치르기 전에 퀴즈와 중간고사 내용 모두를 익혀 놓으세요. 이전에 치렀던 퀴즈나 시험 결과를 접하자마자 무엇이 틀렸는지 확인하고, 기말 시험을 위해 복습해 놓으세요.

시험 때는 모든 문제에 답을 적으세요. 자신이 알고 있는 것이 무엇인지 보여줘야 합니다. 완벽한 정답이 아니더라도 어느 정도 근접한 답에 대해서는 부분 점수를 받을 수 있습니다.

문제가 생겼다 싶으면 교수를 찾아가세요. 찾아갈 경우에는 자신에게 도움이 필요한 명확한 질문을 가지고 가야 합니다. 이는 방문 전에 공부를 하고 가야 한다는 것을 의미합니다. 이런 과정은 여러분의 향후에 성적을 잘 받을 수 있는 방법을 찾을 수 있도록 도와줍니다.

좋은 성적을 받기 위한 추가 조언

추가 점수. 종종 학생들은 성적을 올리기 위한 추가 과제를 할 수 있는 방법이 없느냐는 질문을 합니다. 간단하게, 그 대답은 "없다" 입니다. 한 학생은 자신의 친구가 고등학교를 졸업한 비결이 추가 점수였다고 말해주었습니다. 그 친구는 어떤 과제도 열심히 해 본 적이 없었습니다. 나중에 추가 점수 획득을 위한 기회가 있다는 것을 늘 알고 있었기 때문입니다. 하지만 이 방법은 대학에서 통하지 않습니다. 학생들은 처음부터 수업과 마감 시한, 그리고 시험에 진지하게 임해야 합니다. 성적은 스스로 하는 공부의 질에 의해 결정됩니다. 학생은 교수가 성적을 어떻게 부여하는지 설명하는 내용에 귀를 기울여야 합니다. 하지만 그 내용은 추가 점수에 대한 것이 아닙니다.

흔하지 않지만 추가 점수를 받을 기회가 주어진다면 최선을 다해야 합니다. 성적을 높이는 데 도움이 될 것입니다. 만일 기회가 주어졌는데, 상당히 어려운 과제인 까닭에 노력에도 불구하고 완벽하게 해내지 못할 수 있습니다. 하지만 그 노력으로 교수에게 자신이 성실한 학생임을 보여줄 수 있습니다.

저도 추가 점수를 준 적이 있지만, 그 사례는 상당히 드뭅니다. 저는 초청 연사 강연에 참석한 학생에 한하여 퀴즈 점수에 1, 2점을 가산해준 적이 있습니다. 또 한 번은 두 개의 미적분학 수업에 상당히 어려운 도전적인 문제를 냈었습니다.

70명의 학생 중에서 단 한 명의 학생만이 무언가를 적어 냈습니다. 그 학생은 잘 했습니다. 충분히 추가 점수를 받을 만했습니다.

그러나 많은 학생이 별다른 노력 없이 추가 점수를 원합니다.

"교수님, 이거 시험에 나와요?"라고 질문하는 것을 조심하세요. 이는 자신의 유일한 관심사가 성적이라는 것을 드러내는 것입니다. 반면에 교수는 그 과목에서 배우는 모든 것이 중요하고, 가치 있다고 생각합니다. 개념에 집중하고, 노트 필기를 활용하여 수업의 의도를 떠올려야 합니다. 교수가 강조하는 내용을 주의 깊게 들여다 보면, 다음 시험에 어떤 내용이 나올지 유추할 수 있습니다. 그러나 시험은 공정한 게임입니다.

학기 내내 **스스로의 성적을 모니터링 하세요.** 그리고 자신의 성적을 기록해 놓으세요. 어떤 점수든 나중에 확인이 필요할 수 있으니, 채점 후 돌려 받은 시험지는 모두 보관해 놓으세요. 대학교 온라인 시스템으로 성적이 발표되면 점수가 바르게 입력되었는지 확인해야 합니다.

교수께 메일을 보내 "지금까지 제 성적이 어떻게 되나요?" 또는 "B학점을 받으려면 제가 어떻게 해야 하나요?"라고 묻지 말고 스스로의 위치를 가늠해 보세요. 정확히 평균 수준이라고 생각한다면 앞으로 있을 과제 준비 시간에 영향이 없을 겁니다. 하지만 배운 것들을 꾸준히 공부하고, 모든 일에 최선을 다하도록 노력하세요. 그럼에도 '현재까지의 성적'이 걱정된다면, 그때 교수를 찾아가 상의하는 것이 좋습니다.

본인의 성적에 대해 동의할 수 없다면, 교수를 찾아가세요. 그리고 정중하게 성적에 대해 여쭈어 주세요. 채점에 대한 오류가 있을 수도 있고, 다음 과제에서 개선할 필요가 있는 내용에 대해 배울 수 있습니다. 만일 채점자가 별도로 있거나, 대학원생 조교가 채점을 했다면 그들을 먼저 만나 보세요. 그러고도 여전히 의문이 해소되지 않았다면 그때 최종 책임자인 교수를 만나는 것이 좋습니다. 다만 종강할 때까지 기다리면 늦을 수 있으니, 적절한 시기를 놓치지 않고 만나야 합니다.

종강 후에 자신의 기말고사 시험지를 다시 볼 수 있을까요? 보통은 기말고사 시험지는 돌려받지 못합니다. 시험을 치르고 나면 한 학기 또는 1년, 이렇게 정해진 기간 동안 보관하도록 하는 정책이 있습니다. 하지만 보고 싶다면 시험을 치른 후에 교수를 찾아가야 합니다. 저는 본인이 실수로부터 배우려는 자세로 찾아오는 학생들에게 감사한 마음을 갖기도 합니다. 또한 이는 학생들이 시험 내용을 더 이해하려는 노력이기도 합니다.

학기 초에 치러진 시험도 되돌려 받지 못할 수 있습니다. 모든 학생은 자신의 시험 결과를 확인하고 검토할 권리가 있지만, 교수가 시험지를 보관하고자 한다면 학생은 되돌려 받을 수 없습니다. 일부 교수는 경험상 상당히 효과적인 시험 문제라면 재사용하려고 할 것이고, 그 문제가 향후 수강생이 될 학생에게 전달되기를 원하지 않을 것입니다. 또한 일부 경우이기는 하지만, 진도에 따른 균일한 출제를 위해 학과 차원에서 시험 문제를 출제하기도 합니다. 이런 학과에서는 교수가 시험지를 돌려주는 것을 금지할 수 있습니다.

과제 제출이 늦었나요? 일부 교수들은 강의계획서 안에 제출 기한을 넘기는 과제나 리포트를 받지 않는다고 명시해 두기도 합니다. 미리 계획을 세워 준비해야 마지막 순간에 마감 시한에 쫓겨 허둥대지 않습니다. 어떤 교수는 늦게 제출하면 불이익을 주기도 합니다. 과제가 늦게 제출되면, 교수가 점수를 매기는 데 어려움을 겪기 때문입니다. 특히 주관식 채점은 상당한 시간이 소요되고, 정신적 소모가 큰 작업입니다. 세심한 채점자는 채점의 일관성을 담보하기 위해 병렬채점방식(모든 학생의 시험지의 1번 항목만 우선 채점한 후, 이어 2번 항목을 채점하는 방식)을 사용하기도 합니다. 종강을 하고 성적 채점도 끝낸 교수는 별도로 표시해 놓은 문제 학생들의 목록을 보게 될 것입니다.

열심히 채점하던 열기는 이미 사라졌으니, 책상 위에 놓인 늦게 제출된 과제는 찬밥 신세일 것이고, 성적 입력 시스템에서도 힘을 발휘하지 못할 것입니다. 하지만 제출 기한을 맞추기만 한다면 교수는 최선을 다해 검토할 것이니 걱정하지 않아도 됩니다.

저는 학생들의 행동에 대해 다소 극단적으로 생각해 보는 경향이 있는데, 만일 학생이 리포트를 늦게 제출해도 되는지를 질문하면 저는 이 질문을 모든 수강생이 똑같이 했다고 가정해 보곤 합니다. 이런! 엄청 큰일이지요. 저는 "마감일은 무조건 마감일이다"라고 단호하게 말합니다.

하지만 예외 없는 규칙은 없지요. 만일 심각한 문제가 생겼다면 연구실에 찾아가 해결책을 찾아야 합니다. 교수도 사람인지라 어쩔 수 없는 상황이라면 바로 이해할 수 있습니다. 하지만 과제 시작 자체가 늦은 것은 예외 상황이 아닙니다.

성적을 매기는 것은 쉽지 않은 일입니다. 성적 입력은 대다수의 교수가 제일 싫어하는 교육 업무 중의 하나입니다. 만일 과제 제출 기한을 지키고, 공지 사항을 잘 확인하고, 내용도 훌륭하다면, 교수의 일을 많이 덜어 주게 됩니다.

고학년 학생들이 채점자로 활용되는 경우도 있습니다. 저도 한때 수학 전공자를 채점자로 둔 적이 있었는데, 1학기 미적분학 과목 학생들의 과제 채점을 맡겼습니다. 그 학생이 채점을 마치고 와서는 "채점을 하면서 많이 배웠습니다."라고 말하자 저는 "미적분학을?"이라고 되물었는데, 학생은 "아니요 … 채점이 얼마나 어려운 일인지 배웠습니다."라고 말했습니다. 그 학생은 본인 과제에 대한 교수의 채점에 다시는 불만을 가지지 않았을 것입니다.

시험을 놓쳤어요! 학생들이 학사 일정 중에서 이렇게 중요한 일정을 놓치는 경우는 흔하지 않습니다. 대부분의 교수들은 시험을 보지 않은 학생들을 위한 방침을 가지고 있습니다. 그 내용이 궁금하면 우선 강의계획서를 읽어야 합니다. "몸이 안 좋아서 시험을 못 봤어요."라는 이유는 아마도 통하지 않을 것입니다. 시험을 보지 못한 타당한 근거를 제시하기 위해 병원에 가서 증명서를 떼거나 학생처를 방문해서 그 사유를 입증해야 합니다.

과제를 보완하거나 다시 제출할 수 있나요? 일부 과목에서는 가능할 수도 있겠지만, 이 또한 드문 경우입니다. 제출 기회는 단 한 번뿐이라고 생각하고 각 과제에 대해 최선을 다해야 합니다. 만일 교수가 중간 검토 의견을 주기 위해 과제를 일찍 제출하도록 했다면, 주어진 기한 내에 제출하는 것이 좋습니다.

성적 보류 incomplete 는 무엇인가요? 최종 성적이 확정되기 위해 필요한 시험이나 과제 제출을 불가피한 상황 때문에 완료하지 못했을 경우가 발생하기도 합니다. 예를 들어, 심각한 질병이나 기말고사를 치르지 못할 수밖에 없는 가족의 응급상황이 이에 해당됩니다. 교수는 학기 마지막 날 이후까지도 기간 연장이 필요하다고 판단되면, 성적 보류를 선택할 수 있습니다. 물론 학장의 승인이 필요합니다.

성적 보류를 받은 학생은 교수가 제시한 기한까지 미진한 과제를 마쳐야 하는 책임이 있습니다. 어떠한 추가 안내나 독촉도 없을 수 있습니다. 하지만 학생은 예정된 마감 시한에 맞추어 편안하게 주어진 과제를 마치면 됩니다. 제출 후에 교수가 성적을 매기고, '성적 변경' 절차를 밟는 데는 시간이 걸립니다. 일부 대학에서의 성적 보류는 마감 시한까지 완전한 성적으로 변경되지 않으면 자동적으로 F학점이 부여되기도 하니, 주의를 기울이고 필요한 조치를 취하는 것이 중요합니다.

성적 평가 항목 중 참여 점수 participation grade 는 무엇인가요? 교수들은 최종 성적의 일부분을 참여 점수로 할당하기도 합니다. 여기에는 출석(자리에 없으면 참여할 수 없기 때문입니다), 적극적인 토론 참여, 그룹 활동의 참여도 등이 포함될 수 있습니다. 한 학생은 자신이 아파서 다섯 번의 수업에 출석할 수 없었지만, 이 결석으로 자신이 불리해지면 안 된다고 주장할 수도 있습니다. 교수가 이를 보완할 대안을 제시해 주지 않는다면, 학생은 요구 조건을 채우지 못했기에 좋은 성적을 받을 수 없다는 것을 이해해야 합니다. 여기에는 참여 점수도 포함됩니다. 1주일에 한 번, 3시간 동안 진행하는 과목이 있었습니다. 이 과목은 수업에 한 번 결석하면 수업 시간 동안 다른 많은 일을 할 수는 있지만 참여 점수는 결코 받을 수 없습니다. 그 과목의 교수는 저에게 결석하는 학생은 거의 없다고 했습니다!

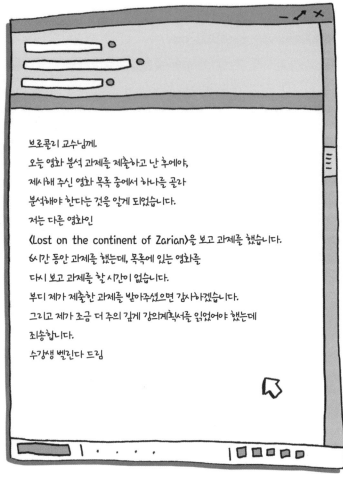

브로콜리 교수님께.
오늘 영화 분석 과제를 제출하고 난 후에야,
제시해 주신 영화 목록 중에서 하나를 골라
분석해야 한다는 것을 알게 되었습니다.
저는 다른 영화인
⟨Lost on the continent of Zarian⟩을 보고 과제를 했습니다.
6시간 동안 과제를 했는데, 목록에 있는 영화를
다시 보고 과제를 할 시간이 없습니다.
부디 제가 제출한 과제를 받아주셨으면 감사하겠습니다.
그리고 제가 조금 더 주의 깊게 강의계획서를 읽었어야 했는데
죄송합니다.
수강생 벨린다 드림

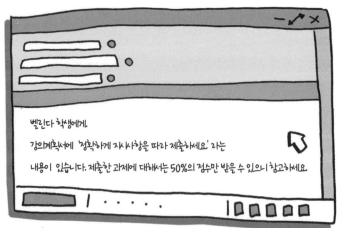

벨린다 학생에게.
강의계획서에 '정확하게 지시사항을 따라 제출하세요.' 라는
내용이 있습니다. 제출한 과제에 대해서는 50%의 점수만 받을 수 있으니 참고하세요.

성적표를 확인하세요. 일단 학위과정을 모두 마치면, 성적표에 적힌 점수만 남게 됩니다. 그러니 학생들은 매 학기가 끝나면 성적표를 확인해야 합니다. 보통은 온라인에서 확인할 수 있습니다. 오류가 있다면 즉시 교수와 상의해야 하며, 특히 졸업이 가깝다면 꼭 상의해야 합니다. 지체하게 되면, 학생의 문의에 답변하기 전에 교수가 이미 은퇴했을 수도 있고, 안식년에 들어가거나, 이직했을 수도 있습니다.

왜 성적에 신경을 써야 할까요?

좋은 성적은 여러분이 열심히 일할 수 있는 사람이라는 것을 나타내는 지표입니다. 어쩌다 받은 C학점도 나쁘지 않지만, 목표를 높일 필요가 있습니다. GPA가 충분히 높으면 지원할 수 있는 장학금이 있을 수 있습니다. 취업 후 직장에서 좋은 평판을 얻고, 성과를 쌓아가기 위해서 GPA는 별로 중요하지 않지만, 졸업하면서 원하는 직장에 취업할 수 있느냐에 있어서는 GPA는 큰 차이를 만들 수 있습니다.

대학원이나 전문대학원 진학 여부를 아직 결정하지 않았어도 추후 선택지가 좁아지지 않도록 성적을 잘 유지하는 것이 좋습니다. 졸업 후 몇 년간 일을 하다가 본인의 진로를 새롭게 깨닫고 대학원 진학이 필요한 상황이 되었다고 가정해봅시다. 일부 과정은 최소한의 학부 성적으로 3.0(4.0 만점 기준) 이상을 요구합니다. 대학 1학년 때의 성적은 고등학교 성적만큼이나 중요합니다. 신입생 시절 1년간 큰 구멍이 생기는 것만 피할 수 있다면, 나중에 실망스러운 상황이 오지 않을 수 있습니다.

제12장 쓰기 능력을 갈고 닦아 봅시다

어느 대학생이 제출한 리포트에 대해 동료 교수가 해 준 이야기가 있습니다. 그 학생은 제시된 주제에 대해 적절하게 잘 썼다고 생각했습니다. 그러나 완성하고 보니 정해진 분량에서 반 페이지 정도 부족했습니다. 학생은 마지막 부분에 전체 내용을 요약하는 한 단락을 억지로 끼워 넣어 분량을 맞추었습니다. 리포트를 되돌려 받았는데, 학생은 결국 D를 받았고, 매우 실망했습니다. 교수는 그 마지막에 끼워 넣은 부분에 밑줄을 그어 놓았고, 이렇게 써 놓았습니다. "이 부분은 부풀리기 단락이네요. 이 단락이 없었으면 B를 받았을 거예요."

쓰기 능력은 정말 중요한 능력입니다

대학에서 쓰기 과제는 단순히 분량을 채우는 것 이상의 의미가 있습니다. 학사 학위 이상의 학력을 요구하는 거의 모든 직업군에서 쓰기 능력이 필요합니다. 그래서 글쓰기를 잘 배우는 것은 여러분의 중요한 능력을 키우는 방법입니다. 과학자들은 연구비를 얻기 위해 글을 써야 하고, 자신의 연구 결과를 발표하기 위해 글을 씁니다. 재무 분석가와 컴퓨터 프로그래머는 보고서와 각종 서류를 만들기 위해 글을 씁니다. 거의 모든 직업에서 자신의 상사와 동료에게 메일을 보내는 것은 일상입니다. 고객과 서면을 통해 의사소통을 잘 하는 것이 그 관계에서 성공하기 위한 방법입니다. 모든 글은 다른 사람이 이해하기 쉽고, 명확해야 하며, 맞춤법이 맞아야 하고, 문법 오류가 없어야 합니다.

대학생들을 위해 분석 리포트, 연구 리포트를 잘 쓸 수 있도록 도움을 주는 책들과 자료들이 많이 있습니다. 꼭 읽어보아야 합니다. 보통 대학 신입생들은 조사 기법, 자료 확인, 비판적 사고 등을 가르쳐 주는 글쓰기 수업을 수강할 수 있습니다. 하지만 이번 장에서는 교수의 입장에서 교수의 기대에 부응하는 리포트를 어떻게 쓰고, 제출해야 하는지에 대해서 다루고자 합니다.

대학 과제는 꽤 힘듭니다

대학생이 되면 꽤 많은 리포트를 써야 합니다. 대학생 수준의 대부분의 리포트는 단순히 어느 주제에 대한 자료 요약 수준이 아니라, 일정 수준의 분석 작업이 필요합니다. 교수는 여러분의 관점이 무엇인지를 묻고, 그 관점을 뒷받침할 수 있도록 이미 출판된 문헌을 근거로 제시하라고 요구할 수 있습니다. 또한 어느 작가의 문학적 기법을 분별하고, 사용된 단어와 구절이 무엇을 의미하는지 해석하도록 요구할 수 있습니다. 어느 대학은 참고문헌을 인용할 수 있도록 하지만, 그렇지 않은 대학도 있습니다. 강의 자료를 읽고 감상문을 제출하는 과제를 받거나, 실험을 완료하고 그 결과를 설명하는 실험 보고서를 제출해야 할 수도 있습니다. 대부분의 경우, 어느 주제에 대해 여러분이 고등학교에서 경험했던 것보다 더 비판적으로 생각하도록 요구합니다.

　교수는 보통 리포트를 작성하기 위한 방법을 제시해 줍니다. 그 방법을
따르는 것이 교수가 원하는 수준의 리포트를 작성할 수 있는 방법입니다.
항상 그 작성법을 따라야 하고, 그래야 그 과목에서 좋은 성적을 얻을 수
있습니다. 아마도 과제와 함께 제시되는 채점기준표가 있을 수 있습니다.
채점기준표는 여러분의 리포트가 좋은 점수를 받기 위한 매뉴얼과 같습니

다. 교수가 기대하는 내용이 무엇인지, 여러분이 어떤 점수를 정확히 받게 되는지를 알려줍니다. 여러분이 리포트 작성을 시작하기 전에, 작성하는 도중에, 그리고 다 완성했을 때도 다시 한번 확인하는 것이 좋습니다. 채점기준표를 옆에 두고, 스스로 직접 채점해 보는 것도 도움이 됩니다. 채점기준표에서 제시한 내용을 빠뜨렸거나 자신의 고유한 의견이 제대로 드러나지 않았다면 다시 내용을 수정해야 합니다.

자료 인용하기

대부분의 글쓰기 과제는 참고문헌을 인용하도록 요구합니다. 최소한의 참고문헌 수를 지정해 주는 과제도 있지만, 대부분은 학생 자신의 주장을 뒷받침하기 위해 출판된 참고문헌을 인용하는 것은 학생들 판단의 몫입니다. 교수는 리포트에 포함되어야 할 참고문헌 개수를 명시하지 않았더라도, 자신의 주장을 뒷받침할 충분한 자료 인용이 없다면 감점할 수도 있습니다.

교수는 학생들에게 예시와 함께 참고문헌 표기 방식을 정해주기도 합니다. 아니면, 미국심리학회 양식 American Psychological Association, APA style, 현대언어학회 양식 Modern Language Association, MLA style, 시카고 양식 The Chicago Manual of Style, CMS style 과 같이 널리 알려진 표기 방식을 지정해 줄 수도 있습니다. 늘 작성 형식에 대한 지침을 따라야 합니다. 참고문헌에 쉼표 하나를 잘못 사용했다고 점수를 깎는다면 너무 까다로운 교수라고 불평할 수 있지만, 만일 여러분이 언젠가 논문을 발표하게 된다면, 바른 서식을 사용하는 것은 너무나 중요해집니다.

여러분이 고등학생일 때는 어떤 주제를 이해하기 위해 정보를 찾고 정리하는 과제를 했을 수 있습니다. 그때는 보통 인터넷을 통해 위키피디아,

백과사전 또는 뉴스 기사를 사용했을 겁니다. 대학에서는 자신만의 독특한 사고를 요구하며, 일반 대중을 위한 신문, 잡지, 교양 서적보다는 엄격한 심사를 거친 자료를 사용하도록 요구합니다. 그 자료는 학술지 또는 학술출판사를 통해 발행되고, 해당 분야 전문가들의 검증 peer-reviewed 을 통해 발행이 결정된 논문을 의미합니다. 그렇게 발행된 자료의 주요 독자는 그 분야에 속해 있는 다른 전문가들입니다. 여러분이 사용하고자 하는 자료가 심사를 거친 자료인지 명확하지 않다면, 도서관의 사서선생님께서 기꺼이 도와줄 수 있습니다.

엄격한 심사를 거친 자료는 보통 연구논문이나 리뷰논문을 가리킵니다. 연구논문은 주로 새로운 연구 내용을 기술하고 있습니다. 리뷰논문은 다른 연구자들의 연구를 종합하여, 여러 다양한 연구들 사이에서 몇 가지 결론을 도출해 냅니다. 여러분이 주로 쓰게 되는 리포트는 대체로 리뷰논문과 유사할 것입니다. 여러분이 리포트를 작성할 때, 연구논문을 몇 편 인용해야 하는 조건이 있다면, 보통은 그 수 이상의 리뷰논문을 포함하는 것은 용인이 됩니다.

리포트에서 인용한 정보의 출처가 믿을 만한 곳인지를 입증하는 책임은 여러분에게 있습니다. 인터넷에서 떠도는 많은 정보들은 부정확하며 자주 바뀝니다. 여러분이 리포트에 무언가를 인용하면, 리포트를 읽는 독자도 그 출처를 직접 찾을 수 있고, 똑같은 내용을 찾아서 읽을 수 있도록 해야 합니다. 교수가 특별히 허락하는 경우가 아니라면, 웹사이트의 내용을 직접 인용하기 위한 자료로 사용하지 마세요. 웹사이트 인용이 허용되더라도, 누구나 잘 알고 평판이 좋은 기관에 의해 운영되는 웹사이트만 이용해야 합니다. PLOS[20]와 같이 엄격한 심사를 거쳐 발행되는 논문이지만,

◇◇◇◇◇◇◇◇◇

20　옮긴이. PLOS(Public Library of Science)는 과학 및 의학 분야 오픈 액세스 학술출판사.

온라인으로만 제공되는 자료들은 당연히 괜찮습니다.

피드백 받기

대부분의 경우, 여러분은 마지막 순간까지 공들여 완성한 리포트 1부를 제출하게 됩니다. 어떤 경우에는 정해진 날짜에 대략적인 초안을 제출하고, 그 이후 날짜에 최종 완성본을 제출하기도 합니다. 초안을 제출하는 경우에도 최종본을 제출하는 것처럼 공을 들여야 하고, 최선을 다해 작성하고, 여러분이 할 수 있는 한 가장 완벽한 리포트를 제출해야 합니다. 그래야 교수로부터 좋은 리포트가 최고의 리포트가 될 수 있는 피드백을 받을 수 있습니다. 그리고 초안도 성적에 반영된다면, 더 좋은 점수를 받을 수 있는 것은 당연합니다.

교수가 하나의 리포트를 초안과 최종본을 각기 구분하여 요청하는 것은 여러분의 글쓰기 능력을 향상시켜 주기 위함입니다. 교수가 여러분의 리포트에 피드백을 주고, 더 개선할 수 있는 기회를 주는 것에 감사해야 합니다. 여러분의 초안에 상당히 공을 들여 피드백을 했는데, 초안과 다름없는 최종본이 제출된다면 교수 입장에서는 상당히 실망스러울 것입니다.

여러분은 피드백으로 리포트 내용 구성에 대해서, 자신의 주장을 제시하는 방식에 대해서, 그 주장을 뒷받침하는 논거의 적절함에 대해서 의견을 받게 됩니다. 교수가 제시한 의견을 어떻게 반영해야 할지 모를 경우에는 오피스 아워에 찾아가서 상의해 보세요. 하지만 의견을 반영하여 더 좋은 리포트를 만들어 좋은 성적을 받기 위한 것이 목적인데, 교수의 의견에 대해 논쟁하려고 하지는 마세요. 별로 도움이 되지 않습니다. 비판은 겸허히 받아들이고, 배움의 기회로 삼아야 합니다.

교수가 여러분을 위해서 내용을 수정해 줄 거란 기대는 하지 않는 것이 좋습니다. 교수는 여러분의 문법이나 어휘 실수에 체크만 해 놓을 뿐, 왜 그게 틀렸는지는 알려주지 않습니다. 무엇을 바꿔야 하고, 왜 수정해야 하는지 알아내는 일은 학생의 몫입니다. 내용 전체를 다시 살펴보고 지적받은 실수와 비슷한 실수가 또 있는지 찾아보고 직접 고치도록 노력하세요. 이 과정을 통해서 여러분은 많은 것을 배우게 됩니다. '콤마 오용 comma slice'이나, '주어—동사 일치 subject—verb agreement'와 같이 문법을 나타내는 용어로 의견을 받은 경우, 이게 무엇을 의미하는지 스스로 찾아야 합니다. 또한 교수가 모든 문법과 오타 실수를 찾아내서 체크해 줄 것이라는 기대도 하면 안 됩니다. 교수는 모든 리포트를 읽고 채점하는 데 많은 시간을 사용하고 있고, 만일 실수가 많다면 모든 실수에 대해 의견을 달아 줄 수 없습니다.

최종적으로 되돌려 받은 과제는 더 이상 여러분이 수정할 필요는 없지만, 교수가 남긴 모든 의견을 꼼꼼히 읽고 그 의견을 통해 새롭게 배우는 것은 여전히 중요합니다. 의견이 첫 페이지에만 있는 것이 아닙니다. 남겨진 다른 의견이 있는지 모든 페이지를 자세히 살펴보아야 합니다. 여러분이 그 의견에 대해 열린 마음으로 받아들인다면 이번에 배운 내용을 앞으로의 과제나 미래의 다른 과목에서 적용할 수 있습니다.

피드백을 받기 위해서는 인내심이 필요합니다. 리포트를 검토 받고 되돌려 받는 데는 시간이 많이 걸립니다. 어떤 교수는 리포트를 간단히 읽기만 하고 별다른 의견 없이 되돌려 주기도 하지만, 다른 교수는 자세히 읽고 의견을 많이 써 주기도 합니다. 여러분이 생각한 시간보다 더 많이 기다리는 것은 신중한 피드백을 받기 위해 충분히 가치 있습니다. 가장 고심하여 피드백을 주는 교수들은 리포트 하나에 30분 또는 그 이상을 사용하기도 합니다.

여러분의 교수. 때때로 학생들은 제출 마감 시한이 아직 남았을 때 교수를 찾아가 자신이 제출하고자 하는 리포트의 초안을 읽어달라고 부탁하기도 합니다. 초안을 이미 작성해서 수정할 시간을 가질 만큼 과제를 빨리 시작했다는 것만으로도 놀라운 일입니다. 하지만 그 초안을 읽어줄 만큼 시간적 여유가 있는 교수는 거의 없습니다. 교수가 거절하더라도 너무 불쾌하게 생각하지는 마세요. 제가 아는 어느 교수는 학생이 오피스 아워에 직접 찾아와 부탁하는 경우에는 그 초안을 읽어주지만, 메일로 보내는 경우는 모두 거절합니다. 다른 어떤 교수는 마감 시한이 최소 1주일 이상 남았다면 읽어주기도 합니다.

글쓰기 센터. 여러분이 과제 때문에 어려움을 겪고 있거나 글쓰기 능력을 좀 더 향상시키기 원한다면, 학교의 글쓰기 센터를 방문해 보는 것이 최선의 방법이 될 수 있습니다. 대부분의 대학은 학생들의 글쓰기 능력 향상을 위해 무상 서비스를 제공하고 있으며, 센터의 교직원들은 학생의 글쓰기를 돕도록 훈련 받습니다. 글쓰기 과제를 받게 되면, 언제까지 초안을 가지고 방문하면 되는지 문의해 보세요. 예약이 필요한지, 방문 가능한 시간이 정해져 있는지도 확인해 보세요. 예약할 때, 여러분에게 필요한 글쓰기 종류를 꼭 밝혀야 합니다. 글쓰기 센터에는 과학 분야 또는 인문학 분야를 전문으로 하는 선생님이 따로 계실 수도 있습니다. 주제에 따라 글쓰기 양식이 매우 달라집니다. 어떤 센터는 직접 얼굴을 맞대고 앉아 즉석에서 글을 보며 피드백을 주기도 하고, 또 다른 센터는 인터넷으로 신청하고 하루 또는 며칠 후에 인터넷으로 피드백을 주기도 합니다. 예약 시간에 방문하는 경우에는 초안과 과제 공지사항이나 채점기준표를 챙겨가세요.

친구 혹은 가족. 여러분은 학우나 가족에게 여러분의 리포트를 보여줄 수도 있습니다. 괜찮은 생각입니다. 여러분의 주장이 이치에 맞는 것인지, 고칠 부분이 없는지에 대해 의견을 들을 수 있습니다. 하지만 여러분을 위해 대신 내용을 고쳐주거나, 어느 단락을 다시 써 주거나 하는 일은 있어서는 안 됩니다.

글쓰기 참고서. 좋은 글쓰기를 위한 책들이 많이 있습니다. 책 내용을 그대로 따라하는 것보다는 문법이나 글쓰기 양식에 대해 궁금증이 생겼을 때 참고하는 것이 좋습니다. 만일 여러분의 교수가 어느 책을 추천했다면, 그 책을 참고해 보세요.

지금 교수님이 안에 안 계신 것 같아. 마감 시한은 되시였지만, 여기에 쏙 넣으면, 아마 제 시간에 제출했다고 생각하실 거야.

- 정해진 폰트, 문서 여백, 페이지 번호에 대한 지침이 있다면 반드시 따라야 합니다. 별도로 정해지지 않았다면 Arial 폰트 12 크기와 같은 Sanserif 폰트를 사용하고, 1인치 여백을 두면 됩니다.[21] 참고로 교수들도 리포트 양을 조절하기 위해 여백과 폰트 등을 조절하는 요령에 대해서 잘 알고 있으며, 이런 방법에 별로 관대하지 않습니다.

- 여러분이 생각하기에 과제 기준을 모두 충족했지만 길이가 다소 짧다고 여겨진다면, 새로운 아이디어를 추가하거나 더 많은 참고문헌을 활용해서 여러분의 주장을 뒷받침하는 것도 좋습니다. 하지만 불필요한 말들을 덧댈 필요가 없습니다. 짧은 문장이 오히려 명확하고 읽기 쉽습니다.

- 대신 길이가 너무 길다고 생각되면, 불필요한 말들을 없애고, 문장을 더 짧고 매끄럽게 다듬을 수 있는지 먼저 살펴보아야 합니다. 참고문헌을 인용할 경우에는 여러분의 주장을 먼저 언급한 후에 인용해야 합니다. 인용한 내용을 적을 때 '한 연구 결과에 따르면, 저자가 발견한 내용은'과 같은 표현들은 불필요합니다. 아래의 예시를 참고하세요.

이런 표현은 피하세요	대신 이렇게 표현하세요
한 연구 결과에 따르면, 저자는 수업 중에 휴대전화를 사용하지 않는 학생들이 수업 내용을 더 잘 기억하고, 더 좋은 성적을 받는다는 것을 발견했다(Kuznekoff, Munz, and Titsworth 2015).	수업 중에 휴대전화를 사용하지 않는 학생들은 수업 내용을 더 잘 기억하고, 더 좋은 성적을 받았다(Kuznekoff, Munz, and Titsworth 2015).

◇◇◇◇◇◇◇◇◇

21 옮긴이. 한국의 경우 기본 문서 여백, 바탕 또는 명조체, 폰트 10, 줄 간격 160%.

- 여전히 너무 길다고 판단되면 가장 중요한 포인트를 결정하고, 덜 중요한 내용은 과감히 잘라내야 합니다. 정해진 양보다 더 많이 써서 제출한다고 해서 점수를 더 받는 것이 아닙니다. 오히려 너무 길게 쓰면 감점하는 교수도 있습니다. 미래에 여러분의 직업에서 이같은 상황에 직면할 수 있기 때문에 정해진 분량에 맞추어 쓰는 능력을 배우는 것이 중요합니다.

- 리포트를 교정하세요. 교정은 사소한 과제에서부터 리포트에 이르기까지 여러분이 작성하는 모든 글에 필요합니다. 서투른 문법과 오타는 여러분의 글을 제대로 읽기 어렵게 만들 뿐 아니라, 여러분이 의도한 의미를 완전히 다르게 바꿀 수도 있습니다. 여러분이 작성한 리포트를 직접 소리 내어 읽어 보는 것도 좋습니다. 읽어 내려가면서, 어느 부분이 부드럽게 읽히지 않는다면, 명확하고 간결해질 때까지 수정해야 합니다.

- 과학 용어, 화학식이나 방정식과 같은 형식을 표현하는 데 각별히 유의합니다. 여러분의 과학적이고 수학적인 지식을 드러내는 부분이며, 성적에 바로 반영되는 부분입니다.

- 내용에 그림, 그래프, 사진이 포함되어 있다면 인용 형식이 적합한지, 설명은 적절히 달았는지 재차 확인해야 합니다. 그래프의 경우 각 축의 단위가 명확히 표시되어 있는지 확인하고, 확인하기 쉬운 폰트 크기로 수정해야 합니다.

- 본문에 참고문헌이 제대로 인용 표시되었는지 확인하고, 리포트 끝부분에 참고문헌의 모든 목록이 제대로 작성되었는지 확인합니다.

- 작성을 끝내면, 모든 페이지의 문서 형식이 동일한지 체크합니다.

- 직접 프린트해서 제출해야 하는 경우, 프린터 상태를 체크해야 합니다. 흐릿한 리포트를 제출하면서 "죄송해요, 교수님. 제 프린터에

잉크가 부족했어요."라는 것은 흔쾌히 받아들일 만한 변명이 아닙니다. 다른 프린터를 찾거나 잉크 카트리지를 교환해서 출력해야 합니다.

제출하기

- 온라인으로 제출하는 경우, 교수가 지정해 준 파일 형식(PDF 또는 Microsoft Word 등)으로 제출해야 합니다. 다른 파일 형식은 과제를 제출하는 학습관리시스템과 호환되지 않을 수 있습니다. 과제의 모든 내용을 하나의 파일로 결합해서 제출해야 합니다.
- 제출하기 버튼을 누르기 전에, 이전에 작성하는 과정에서 저장했던 미완성 파일이 아닌 최종 파일이 맞는지 재차 확인합니다. 그리고 파일이 업로드 되었다면, 업로드 된 파일을 클릭 후 다시 한번 열어서 여러분이 의도한 서식이 그대로 표시되었는지 확인합니다. 조금 변형이 있다면, 가급적 PDF 파일이나 시스템에서 허용되는 파일 형식으로 다시 제출합니다.
- 교수가 여러분에게 요청하지 않았다면, 절대로 리포트 파일을 교수에게 직접 메일로 보내지 마세요. 교수는 프린트 된 리포트가 한곳에 쌓여 있거나, 학습관리시스템과 같이 모든 수강생의 리포트가 함께 모여 있는 것을 원합니다.
- 프린트로 출력하여 제출하도록 공지했다면, 마감 시한 전에 직접 출력본을 제출해야 합니다. 메일로 보내면 교수가 직접 출력할 것으로 기대해서는 안 됩니다. 페이지가 여러 장일 경우, 스테이플러로 고정합니다.
- 여러분이 창의적으로 작성한 리포트는 여러분의 얼굴과도 같습니다. 여러분의 얼굴이 가방 안에서 책에 깔려 구겨지고, 커피가 튀어 얼룩이 생기지 않도록 안전하게 보관해야 합니다.

한 동료 교수는 리포트를 출력해서 제출하되, 동시에 온라인으로도 제출하도록 요청한다고 합니다. 한번은 한 학생이 마감 시한 내에 학과 우편함으로 제출했다고 주장했지만, 우편함에는 리포트가 없었습니다. 또 다른 학생은 교수 연구실 문 아래로 리포트를 밀어 넣어서 제출했다고 주장했지만 알고 보니 다른 교수의 연구실이었습니다. 결국 교수가 학습관리 시스템에 동시에 제출해야 한다고 결정하자 구차한 변명들은 자취를 감췄습니다. 시스템에 찍히는 시간으로 마감을 지켰는지가 확실히 결정되었습니다. 그리고 그 교수는 학생의 추천서를 쓸 때 마감 시한을 잘 지키는 학생인지를 그 시스템을 보고 반영하기 시작했습니다.

간단한 과제는?

교수가 과제를 자주 내주는 경우, 여러분은 굳이 깔끔하게 제출할 필요가 없다고 생각할 수 있습니다. 하지만 여러분이 제출하는 모든 것은 교수가 읽기 쉽고, 채점하기 쉬워야 합니다. 일반적으로 어떤 계산을 하거나 도표를 그리는 과제라면 손으로 직접 써서 제출하는 것이 편할 수 있습니다.

손 글씨로 작성하는 경우

- 필체는 알아볼 수 있고, 깔끔해야 합니다. 그렇지 않은 경우, 키보드로 입력하는 것을 고려해 보세요.
- 검은색 혹은 파란색 펜을 사용합니다. 연필은 수학이나 과학 과목의 학습에 매우 유용합니다. 하지만 깨끗이 지워야 합니다. 제대로 지워지지 않아 흔적이 많으면 읽기도 힘들고, 좋은 인상을 주지 못합니다.
- 문제를 푸는 경우, 풀기 시작했다가 다시 새로운 방식으로 풀기를 원하면 이전 부분을 깔끔하게 지우고 풀어야 합니다. 그러나 새로운 페이지에서 다시 시작하는 것이 더 좋습니다.
- 스프링 노트를 쭉 찢어서 종이가 너덜너덜한 상태로 제출하지 않도록 주의합니다.
- 필기가 뒷 장에 비친다면, 한 면만 사용하고, 다음은 새로운 종이를 사용합니다.
- 채점 후 의견을 남길 수 있도록 충분한 공간을 남겨 놓습니다.
- 수학이나 과학 문제를 푸는 경우, 논리의 전개 방향은 반드시 위에서 아래입니다. 다 풀고 난 이후에 최종 답은 동그라미를 치거나 밑

줄을 그어 표시해 놓습니다. 그리고 질문에 대한 답을 정확히 했는지를 다시 한번 확인합니다.

- 첫 페이지에 여러분의 이름, 과목명, 과제 내용을 적습니다. 페이지가 여러 장일 경우, 스테이플러로 고정합니다.

다시 강조하지만 여러분이 글쓰기 과제를 하면서 기억해야 할 가장 중요한 것은 일찍 시작해야 한다는 것입니다. 그래야 도움이 필요하면 제때 도움을 받을 수 있으며, 여러 차례 수정할 시간을 벌 수 있습니다. 주의를 조금만 더 기울이면 여러분의 과제는 교수가 높이 평가할 뿐 아니라, 매우 자랑스러운 작품이 될 수 있습니다.

제13장

수업과 시간 관리를 위한 전략을 세워볼까요?

강의 시간에 늘 지각하고, 자주 결석하는 학생이 있었습니다. 사유는 항상 늦잠이었습니다. 날마다 제시간에 일어나기 위해 알람을 맞췄지만, 알람이 울리면 "조금만 더…" 하면서 꺼버렸습니다. 하지만 그 학생은 컴퓨터 프로그래밍을 이용해 방에서 나온 후 모니터에 나타나는 질문에 대한 정답을 맞혀야 알람이 꺼지도록 설정을 했고, 곧 늦잠 문제를 해결했습니다. 프로그래밍이 효과가 있었다는 말을 듣고 기뻤을 뿐 아니라, 같은 문제를 겪고 있는 학생들에게도 공유했으면 하고 내심 바랐습니다.

성공적인 대학생활을 방해하는 많은 문제들이 있습니다. 이를 해결하기 위해 가장 일반적으로 드릴 수 있는 저의 조언입니다.

학생들이 마주치는 가장 일반적인 문제

결석. 늦잠을 자지 않았어도 결석하는 이유는 다양합니다. 여러분이 어느 하루 결석한다고 해서 아무 일도 일어나지 않습니다. 교수는 여러분의 부모님께 연락해서 확인하지도 않을 뿐더러, "지난 수업 시간에 왜 안 왔니?"라고 당황스럽게 묻지도 않습니다. 특히 출석이 의무가 아닌 상황이라면, 결석하는 것은 식은 죽 먹기입니다. 학생들은 강의가 지루하면, '아, 그냥 혼자 교과서 읽고, 퀴즈 준비하면 되지 뭐.'라며 결석을 합리화합니다. 단기적으로는 그것도 효과가 있을 수 있겠지만, 결과적으로 여러분에게 도움이 되지 못합니다. 대부분의 경우, 혼자서 학습하면 강의 시간을 통해 학습한 것에 비해 더 많은 시간과 노력이 필요합니다. 콘서트 입장권을 구매해 놓고서는 콘서트에 가지 않을 건가요? 수업에 결석하는 것은 여러분의 학자금을 낭비하는 것과 같습니다.

수업에 꾸준하게 출석하는 것이 최우선이어야 합니다. 혹시 모를 질병 때문에 결석하게 되는 위급한 상황을 대비해 결석은 하지 않아야 합니다. 이미 학기 초에 충분한 실수를 저질렀다면, 그 과목 교수와 상담해서 같은 실수를 계속 저지르지 않을 것이며, 열심히 학습하고자 하는 열의가 있음을 보여 주세요. 그리고 부족한 수면으로 인해 일과 시간이 방해받지 않도록 충분한 취침 시간을 확보해야 합니다. 만성적인 결석은 여러분의 졸업 후의 삶에도 이어질 가능성이 크며, 사회생활에서의 성공을 방해할 수 있습니다.

미루기. 대학 과정에서 학습은 연속적으로 이어지는 것이지만, 학생들은 학습 과정 하나하나를 별개로 생각하는 경향이 있습니다. 학습 과정에서 주어지는 과제를 마감 시한이 다 될 때까지 미룹니다. 미루는 습관으로 인해 결국 마감 시한을 연장해 달라고 요청하거나, 마지막 순간에 도움을 요청하는 상황에 이르게 됩니다. 하지만 그 요청은 대부분 받아들여지지 않습니다. 학기 중에 공부와 과제는 일찍 시작해야 한다고 여러 번 말하지만, 결코 지나친 것이 아닙니다. 준비 시간이 충분할수록 조언을 듣거나, 도움을 받을 수 있는 기회가 있으며, 더 좋은 결과를 만들어 낼 수 있습니다. 또한 예상치 못한 일이 발생하더라도 대처할 수 있습니다.

시간 관리. 고등학교에서의 시간은 고교 학습과정을 위해 체계적으로 구조화되어 있습니다. 대학은 그에 비해 덜 체계적입니다. 그래서 여러분이 시간 관리를 최대한 잘 할 수 있도록 몇 가지 제안을 드립니다.

- 일일 계획과 주간 계획을 만듭니다. 수업이 한 시간이라면, 수업 시간 외 두 시간은 그 수업을 위해 사용해야 합니다. 즉 여러분이 매주 15시간의 수업을 듣는 전일제 학생이라면, 최소 30시간을 공부하고, 과제하는 데 사용해야 합니다. 여러분 혼자서 그 많은 시간을 체계적으로 관리하기 어려울 수 있습니다. 예전에 한 학생이 자신은 목요일 오전 8시에 수업이 있고, 그날 오후 3시에 다른 수업이 있다고 말했습니다. 그 학생은 두 수업 사이의 여유 시간을 효율적으로

사용하는 방법을 몰라 당황했습니다. 결국 도서관 프로그램에서 제공하는 효율적인 시간 관리에 관한 교육을 받았고, 그 남은 시간을 특정 과목을 위한 공부 시간으로 정했습니다.

- 매일 조금씩 공부하면 나중에 문제가 생기는 것을 미연에 방지할 수 있습니다. 다음 수업일 전에 이전 수업의 필기 노트를 가지고 복습합니다. 음악 연습으로 비유하자면, 하루에 15분씩 연습해야 할까요? 일주일에 한 번 1시간 45분 연습하는 것으로도 충분할까요? 연말에 있는 정기공연을 위해 공연 1주일을 남기고서 몰아서 연습을 한다면 어떻게 될까요?

- 학기 초 몇 주 동안은 별다른 마감 시한이 없기 때문에 별로 힘들지 않을 수 있습니다. 그런데 별안간 모든 과목의 중간고사를 한 주 동안에 치러야 하는 상황이 닥치게 됩니다! 첫 주부터 매일 공부하기를 시작한다면, 그 힘든 한 주를 잘 견뎌낼 수 있습니다.

- 작지만 효율적인 단위로 공부 시간을 나누어 정리하세요. 사이사이 마음을 가다듬기 위한 휴식도 잘 취하세요.

- 학우와 함께 할 수 있다면, 공부 시간을 서로 약속해도 좋습니다. 다른 학우들과 함께 그룹으로 공부한다면 미루지 않고 공부할 수 있습니다.

- 장기 계획을 세우세요. 대학 과제는 중간에 확인하는 과정이 없기에, 마감 시한은 한없이 멀어 보입니다. 하고 싶은 일을 먼저 하다 보면 중요한 일을 제때 할 수 없습니다. 마감 시한을 잘 관리할 수만 있다면 많은 일을 잘 할 수 있습니다. 중간 점검을 위한 나만의 마감 시한을 정해 두면 결과적으로 큰 차이를 만들어 낼 수 있습니다. '내일 시작하지 뭐.'라고 생각하지 말고, 오늘 일정에 '리포트 작성 시작'이라고 적어야 합니다.

이 과목이 여러분에게 적합한가요? 가끔씩 여러분이 수강하는 과목이 기대했던 것과 다른 내용이거나, 아직 수강할 준비가 되지 않은 과목을 수강하고 있다는 생각을 하게 됩니다. 그러면 수강 신청 정정 기간 내에 여러분의 시간표를 바꿔야 합니다. 자신이 어느 정도의 수준인지 가늠하기 힘들다면 교수와 상담 후에 결정하는 것도 좋습니다.

선후배 관계를 돈독하게 만들어 보세요. 이들이 여러분에게 좋은 멘토가 될 수 있고, 각자가 선호하는 과목과 교수에 대한 정보를 공유하면 선택에 도움이 될 수 있습니다.

원하는 과목을 수강 신청하지 못했나요? 일단 그 과목의 첫 수업에 출석해 보세요. 수업 첫 시간에는 많은 중요한 정보가 전달됩니다. 누군가의 수강 취소로 여러분이 수강할 수 있는 기회가 생길 수도 있고, 대기자 명단에 이름을 남길 수도 있습니다. 반대로 첫 수업을 듣고 나서 자신에게 맞지 않는 수업이라고 판단할 수도 있습니다. 여러분이 정말 수강하고 싶지만 인원이 꽉 차 버렸다면, 수업이 끝난 후에 혹은 교수 연구실에 찾아가 사정을 설명하고, 등록할 수 있는지를 여쭤어 보세요. 수강 인원을 초과했어도 그 과목을 수강할 수 있게 된다면, 교수가 여러분에게 상당한 호의를 베푼 결과입니다. 출석을 성실하게 하고, 수업 참여에 열정을 보이는 것이 여러분이 교수에게 보답하는 방법입니다.

과목을 따라가기에 너무 힘이 드나요? 아직 수강할 준비가 안 된 과목이라고 판단되면, 가급적 일찍 수강 취소하는 것이 좋습니다. 여러분의 일정표에 수강 신청 정정 기간을 표기해 두고, 그 날짜 전에 여러분이 충분히 그 과목을 수강할 자신이 있는지 점검해야 합니다. 수강 신청 정정 기간에는 수강 취소가 안전하게 가능합니다. 하지만 그 기간이 지나면 여러분의 성적표에 '수강 취소'라고 표기되는 경우도 있고, 등록금을 되돌려 받지 못할 수도 있으니 주의해야 합니다. 그리고 수강 취소가 늦어지면 다른 과목으로 대체하는 것도 어렵습니다. 주변의 조언을 많이 듣는 것이 좋습니다.

의욕에 앞서 첫 학기에 너무 많은 과목을 수강하지 않도록 하세요. 과도한 학습량에 짓눌릴 수 있습니다. 오히려 첫 학기에 12학점만 듣는 것이 나을지도 모릅니다. 대학에서 시간과 돈, 그리고 기회비용을 낭비하지 않기 위해서라도 매 학기 최소 학점만 수강할 수는 없습니다. 그러나 첫 학기에는 몇 과목을 실패하는 것보다 욕심을 버리는 것이 더 낫습니다. 나중에 이수 학점이 부족하다면, 계절 학기에서 보충할 수 있습니다.

여러분이 수강 신청한 과목이 너무 수월하다고 느낄 경우에는 나중에 가장 자신 없는 과목 하나를 수강 취소할 수도 있다는 가정하에, 한 과목을 더 수강 신청하는 것도 좋습니다.

성적은 향상되어야 합니다! 이 책은 여러분의 성적을 향상시키고, 대학생활을 성공적으로 최적화하는 데 도움을 주는 유익한 제안들로 채워져 있습니다. 하지만 이 제안이 여러분의 대학생활에 제대로 반영되지 않고서는 여전히 여러분의 성적 향상은 체감되지 않을 것입니다. 그런 경우, 여러분의 교수를 찾아가 여러분이 이제까지 해 왔던 것과 여러분의 약점을 분석하고 조언을 주실 수 있는지 여쭈어야 합니다. 하지만 조언을 구한다는 핑계로 추가 점수를 얻을 기회를 달라거나 기한을 연장해달라거나 과제를 다시 제출하도록 해달라는 요구를 해서는 안 됩니다.

학기 초의 성과가 좋지 않다고 해서 그 과목을 실패한 것이 아닙니다. 새로운 과제, 쪽지 시험, 시험, 실험, 프로젝트, 발표 등 여러분의 실수를 극복할 수 있는 새로운 기회가 많습니다. 낙심은 훌훌 털어버리고, 앞을 보고 뛰어가세요!

대학을 고등학교처럼 생각하면 오산입니다. 고등학교 생활은 아마도 모든 것이 쉬웠을 수 있습니다. 그에 반해 여러분은 대학 수업이 상당히 혹독하리만큼 어렵고, 자신이 준비가 덜 되었다는 생각이 들 수도 있습니다. 일반적으로 대학생들은 이렇게 생각합니다.

- 강의 시간에 질문할 시간이 많지 않다.
- 수업 진도가 빠르다.
- 수업 시간에 더 많은 문제를 풀어주면 좋겠다.
- 짧은 시간에 너무나 방대한 내용을 다룬다.

학생들의 위와 같은 생각은 그 수업을 담당하는 교수에게 문제가 있다는 것을 의미하지 않습니다. 대학의 모든 과목은 속도가 빠르며, 쏜살같이 진도가 나갑니다. 여러분이 곤란하다고 해서 교수를 탓하거나, 대학 시스템을 비난하기보다는 대학이라는 새로운 요구에 발맞춰 여러분의 전략을 대폭 수정할 필요가 있습니다. 이 책의 목적이 여러분의 전략 수정에 도움을 주고자 함입니다.

시험 대비. 학생들은 모든 시험을 자신에게 닥친 시련이라고 생각하는 경향이 있습니다. 보통 규칙적으로 공부하지 않았거나, 진도에 따라 그때그때 복습하지 않았기 때문입니다. 각 시험은 성적이라는 퍼즐을 맞추기 위한 하나의 부품에 지나지 않습니다. 과제, 리포트, 수업 참여 등과 같이 간단하고 잘 해낼 수 있는 여러 부품이 여러분 손에 있습니다. 시험에 자신이 없더라도 여러분의 성적을 지탱해 줄 수 있도록 작은 부품에 관심을 기울이고 주의해야 합니다. 한 번의 시험에서 실망스러운 점수를 얻었다고 해서 그 과목 성적이 나락으로 떨어지는 것이 아닙니다. 애써 걱정하는 것은 하등의 도움이 되지 않습니다.

그렇다면 시험 공부를 어떻게 하면 좋을까요?

- 교수가 시험 전에 배운 내용을 전체적으로 다시 정리해 주는 시간을 제안한다면 무조건 참석해야 합니다. 사전에 미리 준비를 하고, 질문거리도 준비해 갑니다. 연습문제나 전년도 기출문제를 제공해 주셨다면, 미리 풀어보고 참석해야 합니다.
- 카페나 기숙사처럼 복잡하고 어수선한 환경을 피해서 공부해야 합니다. 도서관처럼 여러분이 선호하는 공부 장소를 찾는다면, 여러분의 뇌는 그 장소에서 공부에 더 잘 집중되도록 훈련될 것입니다.
- 시험 전날 밤, 잠들기 전에 가장 어려웠던 주제를 한 번 더 복습한 후에 잠자리에 듭니다.
- 새벽에 일어나서 공부하기 위해 기상 알람을 너무 일찍 맞추지 마세요. 오히려 여러분의 REM 수면을 방해할 수 있습니다.
- 밤을 새워 공부하지 마세요. 여러분의 뇌는 수면 부족에서 회복되지 못해서 시험을 오히려 망칠 수 있습니다.
- 아침식사를 거르지 마세요. 오트밀이나 다른 탄수화물이 많이 들어 있는 음식 또는 섬유질이 많은 음식을 먹는 것이 좋습니다.
- 학생들은 공부할 때, 개념 이해보다는 세부 내용에 집착하는 경향이 있습니다. 암기하는 것은 피하세요. 오히려 수업에서 배운 개념들을 설명할 수 있어야 합니다. 스터디 그룹을 만들어 공부하면, 개념과 내용이 더 명확해지도록 서로 도움을 주고받을 수 있습니다.
- 시험 전에 스터디 그룹에서 예시 문제를 만들어 풀어보고, 그 결과에 대해 토론해 볼 수 있습니다. 여러분이 시험 범위 내용을 제대로 이해하고 있지 못하면 전혀 풀 수 없기 때문에 스터디 그룹의 공부 방법은 최고의 시험 준비가 될 수 있습니다.

시험에 대한 두려움. 시험을 앞두고 너무 신경이 날카로워지는 것은 오히려 실력 발휘에 장애가 됩니다. 단기 계획과 장기 계획을 가지고 미리 준비한다면 시험에 대한 불안감은 훨씬 덜어낼 수 있습니다. 그리고 여러분이 할 수 있는 최선을 다하세요. 만일 시험 보는 장소가 낯선 곳이라면 조금 미리 와서 좋은 자리가 어디인지 확인하는 것도 좋습니다. 충분히 밝은 자리, 시계가 보이는 자리, 들어오고 나가는 소리에 방해받지 않을 만큼 문에서 가깝지 않은 자리가 좋습니다. 그 장소에서 공부를 할 수 있는 상황이라면, 그 자리를 선점해 보세요. 스터디 그룹으로 공부할 때, 그 시험 장소에 예시 문제를 풀어보는 것도 좋습니다.

시험 공부할 시간이 부족해요. 학생들은 종종 시간이 더 있었더라면, 시험을 더 잘 볼 수 있었을 것이라고 아쉬워합니다. 고등학교에서는 시험이 쉬워서 빨리 끝낼 수 있었을 뿐 아니라, 추가 시간을 더 달라고 하면 선생님이 시간을 더 배려해 주기도 했었습니다. 하지만 대학은 다릅니다. 여러분이 시험을 치르는 시간은 여러분이 제한된 시간 내에서 무엇을 할 수 있는지 보여주는 기회이며, 여러분이 공부한 그 내용을 제대로 알고 있다는 사실을 증명해 보여주는 시간입니다. 또한 그 제한된 시간에 여러분은 함께 공부한 다른 학생들과 상호 비교가 됩니다. 제 동료 교수는 시험 치르는 날을 '기회의 날 Opportunity Day'이라 부릅니다. 즉 여러분이 알고 있는 것을 보여주는 기회의 시간입니다.

시험을 치르는 동안, 여러분의 소중한 일분일초를 어떻게 배분하느냐가 중요합니다. 어느 문제에 가장 많은 시간을 할애할지 결정해야 합니다. 모든 문제를 순서대로 풀면서 심사숙고하는 것은 최선의 전략이 아닐 수 있습니다. 여러분이 우선 빠르고 정확하게 답을 할 수 있는 문제를 찾으면서 풀어간다면, 두려움은 덜어내고, 자신감을 얻고, 좋은 점수도 기대할 수 있습니다.

시험을 준비하는 것은 달리기 시합이나, 연극 공연을 위해 대사를 익히는 것과 비슷합니다. 여러분이 맡은 역할을 모두 익히고, 달리기 속도를 향상시키기 위해서는 반드시 연습이 중요합니다. 시험에 맞닥뜨려 벼락치기로 공부하지 않고, 수업을 따라가며 꾸준히 공부할 필요가 있습니다. 미래의 직장 상사는 여러분이 수행하는 프로젝트를 위해 정해진 기간 동안 열심히 일하기를 바라지, 프로젝트 막바지에 밀어붙이기를 원하지 않을 것입니다. 그때는 시간이 더 있었더라면 더 잘 할 수 있었을 것이라며 불평할 수도 없습니다.

도움 받기

감정적으로나 학문적으로 중압감을 느끼고 있나요? 이 경우를 대비해 교수와 의사소통할 수 있는 관계를 미리 만들어 놓는 것이 도움이 됩니다. 학업에 영향을 미치는 심각한 문제를 가지고 있다면 교수를 만나 상의해 보세요. 교수께 무리한 요청을 하는 것이 아니라면, "마감 시한 연장은 절대 불가!"를 외쳐 왔던 교수라도 여러분이 어떻게 할 수 없는 상황들이 발생하는 경우에는 예외를 허용할 수도 있습니다.

여러분이 가진 문제가 학업 전반에 영향을 미치거나, 교수를 찾아가 상담하기가 너무 힘든 상황이라면, 학생처를 방문해 보세요. 학생처는 여러분이 어떻게 도움을 받을 수 있는지 안내해 줄 수 있습니다. 가족의 죽음, 우울증, 잘못된 선택, 예상치 못한 사건 등과 관련된 문제일 수 있습니다. 대학의 교직원은 여러분을 돕기 위해 존재하며 여러분이 가진 문제에 도움을 받을 수 있도록 안내해 줄 것입니다. 교내에 있는 상담센터 예약도 진행해 줄 수 있습니다.

캠퍼스 내에서 도움 받을 수 있는 곳. 캠퍼스 내에서 도움을 받을 수 있는 곳을 알아두면 좋습니다. 문제가 발생하기 시작했을 때 이용해 보세요.

지도 교수. 대부분의 학생들은 수강하는 과목에 조언을 받기 위해서나 전공 이수 요건에 대해 상의하기 위해 지도 교수를 만납니다. 하지만 여러분이 누군가의 조언을 얻기를 원한다면 지도 교수를 만나서 학업 전반에 걸친 이야기를 나눌 수 있습니다.

학과장. 도움이 필요한 교수와 여러분 사이에 문제가 있는 상황이라면, 학과장을 찾아가 보세요.

건강센터 또는 상담센터. 신체적, 정신적 건강은 여러분의 학습에 영향을 미칩니다. 조금이라도 이상이 발견되면 지체하지 말고 방문하여 도움을 받으세요.

글쓰기 센터. 리포트를 작성하거나 논문을 작성하는 것은 여러분에게 매우 큰 어려움일 수 있습니다. 여러분의 글쓰기를 향상시키기 위한 조언을 받기 위해 예약한 후에 방문해 보세요.

튜터링 센터, 학술자원센터. 학교마다 그 명칭은 다양합니다. 하지만 대다수의 대학들은 학습 방법을 배울 수 있고, 노트필기와 같은 중요한 기술을 가르쳐 주는 강좌를 제공하고, 특정 주제에 대해서 무료로 튜터를 만나 배울 수 있는 기회를 제공하는 조직을 가지고 있습니다.

개인 튜터. 학과에 따라서는 학생들이 도움을 받을 수 있도록 튜터 제도를 별도로 운영하기도 합니다.

도서관 안내데스크. 제가 아는 도서관 사서 중의 한 분은 도서관 사서가 얼마나 학생과 교직원 돕는 것을 즐거워하는지 모를 것이라고 말한 적이 있습니다. 맞습니다. 심지어 교직원들도 그분들을 찾아와 묻고는 합니다.

이번 장을 마무리하면서 제안했던 중요한 전략을 요약해 봅니다.

1. 수면을 충분히 취하세요. 수면도 일정표에 넣으세요. 매일 같은 시간에 취침하는 것은 정말로 여러분에게 도움이 됩니다.
2. 과제는 일찍 시작해야 마감 시한을 안전하게 맞출 수 있습니다.
3. 시험 기간에만 공부하는 것이 아니라, 매일 꾸준히 공부하세요.
4. 미루기 버릇의 희생양이 되지 않기 위해, 여러분만의 중간 점검 기한을 설정하고, 일정표에 적어 놓으세요.
5. 모든 수업에 출석하고, 온전히 집중해서 수업에 참여하세요.
6. 교수님을 일찍 만나세요. 문제가 발생하면 또다시 만나서 상의하세요.
7. 질문하는 것을 주저하지 마세요. 질문은 일찍, 그리고 자주하세요.
8. 수업을 함께 듣는 학생들과 서로 소통하세요. 스터디 그룹도 좋습니다. 이들은 여러분에게 안전망이 되어주고, 충고를 해 줄 수 있습니다.

단언하건대, 모든 사람은 대학을 다니면서 문제에 맞닥뜨립니다. 잘 계획하면, 그 문제를 재빨리 극복하고, 필요할 때 도움을 받을 수 있는 준비를 할 수 있습니다. 모든 과목은 여러분에게 새로운 시작입니다. 스포츠 경기처럼 모든 각각의 경기가 새로운 것과 같은 이치입니다. 과거 여러분의 실수가 미래에도 여러분의 발목을 잡을 거라고 가정하지 마세요. 그 실수로부터 잘 배우고, 활용해서 다음 과목에서는 실수하지 않고 좋은 성과를 얻도록 활용해야 합니다. 대학생활을 해 가면서, 여러분은 스스로 자신에게 가장 효과적인 것이 무엇인지 점점 깨닫게 됩니다. 그러니 첫 학기에 힘들고 고생하더라도 너무 염려하지 마세요. 다른 학생들도 다 똑같은 처지입니다.

제14장

대학 윤리는 신뢰입니다

휴가 기간 동안 플로리다 해변에서 여유를 만끽하고 있던 때였습니다. 그곳은 대학생에게 여행지로 인기가 많은 곳이었습니다. 때마침 경비행기가 광고 배너를 매달고 해변을 지나갔습니다. "리포트 마감 시한이 다가왔나요? 고민하지 말고, 에듀페이퍼에게 맡기세요!" 이는 마치 교통경찰관이 "과속딱지를 받으셨나요? 제가 해결해 드립니다!"라는 광고를 마주하는 느낌이 이런 것이지 않을까요.

옆에 있던 제 동생이, "언니, 저거 불법 아니야? 어떻게 저런 일을 할 수 있지?"라고 말했습니다. 다른 사람의 리포트를 대신 써 주는 일이 불법이라고 생각하지는 않습니다. 하지만 확실히 비윤리적인 행동입니다. 그리고 여러분이 직접 쓰지 않은 리포트나 과제를 제출한다면, 여러분은 나머지 대학생활에서 큰 문제를 겪게 될 것이 분명합니다.

비윤리적 행위

　교수는 모든 학생의 학업과 행동을 엄격하며 전문적인 시각으로 바라봅니다. 하지만 학생을 정직하다는 전제로 바라보지, 부정행위자를 색출하기 위한 시각으로 보지 않습니다. 학생의 부정직한 면을 발견하는 것은 교수에게 상당히 괴롭고 불쾌한 일입니다. 교수는 학생들의 부정행위 여부를 알아차리고, 적발하는 데 꽤 익숙합니다. 몇 가지 일반적인 부정행위 사례와 교수들이 이를 예방하거나, 발견하는 방법을 소개해 봅니다.

표절 Plagiarism . 다른 사람이 작성한 글을 베껴서 사용하면 안 됩니다. 다른 과목에서 사용한 리포트나 과제를 똑같이 제출하거나, 일부분을 사용해서도 안 됩니다. 인용한 내용에 대해서는 출처를 확실히 기재해야 합니다. 많은 대학들은 표절에 대한 우려 때문에 turnitin.com과 같은 표절 검사 서비스를 가지고 있습니다. 그 프로그램은 대학 수업을 들으며 제출했던 리포트뿐 아니라, 인터넷에 올라와 있는 모든 자료와 그 내용을 비교합니다. 최근에는 상당수의 과제를 모두 온라인으로 제출하고 있다 보니, 부정행위를 감지하는 것은 어느 때보다 쉬워졌습니다. 출처를 제대로 표기하지 않는 경우, 표절로 간주될 수 있음을 주의해야 합니다.

대필 Ghostwriting . 대필은 다른 사람이 여러분을 위해 대신 써 주는 것을 의미합니다. 대부분의 대필은 온라인 서비스를 이용하는 것이지만, 다른 사람이 대신 쓰도록 하는 것도 비윤리적입니다. 학생이 최근까지 보여준 학습 이력을 월등히 뛰어넘는 리포트나 과제는 대필의 의심을 살 수 있습니다. 표절 검사 서비스를 통해 대필의 흔적을 찾아낼 수 있습니다.

번역기 사용. 외국어 수업에 번역기를 사용하는 경우입니다. 번역기를 통한 번역은 교수들이 충분히 알아차릴 수 있을 정도로 특이한 고유의 형식을 가지기 때문에 여러분이 번역기를 사용했다는 것을 쉽게 알 수 있습니다.

시험 부정행위. 학생들의 부정행위를 방지하기 위해 종류가 다른 시험지를 사용하거나, 시험 장소의 좌석을 평소와 다르게 지정할 수도 있습니다. 시험지 표지를 사용하여 시험 시간 동안 답안을 덮도록 지시할 수 있습니다. 학생이 소지한 핸드폰과 노트를 가방 안에 넣고 가방을 강의실 앞쪽에 모아두도록 요구할 수도 있습니다. 어떤 때는 휴대폰이나 노트북을 소지한 것만으로도 부정행위를 한 것으로 여겨질 수도 있습니다. 어수선하지 않은 편안한 시험 환경은 오직 정직한 학생들에게만 제공되는 법입니다.

거짓 핑계. 몸이 아픈 경우에는 의사의 진단서나 대학 내 의료센터의 확인서를 지참할 필요가 있습니다. 이 문서로 질병의 사실 여부를 확인할 수 있습니다. 한 학생이 저에게 메일을 보내 할머니가 돌아가셔서 수업에 참석하기 어렵다고 연락한 적이 있었습니다. 중요한 일이기에 저는 학생처에 통지했습니다. 학생처에서는 학부모와 연락했고, 거짓임이 드러났습니다. 문서로 확인하는 것은 학생을 불신해서가 아닙니다. 학생의 정직한 행동을 위해 필요한 정책이며, 오히려 학생에게 도움이 됩니다.

어떤 교수는 시험 시간에 불참한 학생에게 자신의 상황을 학생처장에게 설명하고 면담한 후에 확인서를 받아오라는 요구를 한 경우도 있었습니다. 교수가 학생의 사정을 듣고 사실 여부를 판단하는 것은 어려움이 많습니다. 오히려 학생이 학생처장을 만나 상황을 해결하는 것이 더 유용할 수 있습니다. 사정이 있어 여러 수업을 한꺼번에 결석하게 되는 경우에, 학생처장에게만 상황을 설명하면 되고, 교수들은 처장의 확인서에 쉽게 수긍할 수 있습니다.

핑계가 왠지 어설프다고 생각되면 교수는 추궁하게 되고, 변명은 결국 들통 나게 되어 있습니다. 한 학생이 자신의 취업 때문에 누군가를 만나야 해서 수업에 참석할 수 없다고 말한 적이 있습니다. 제가 조금 더 캐물었더니, 결국 미인대회 참여를 위해 관계자를 만나는 약속이었던 것을 알아냈습니다. 결국 수업 시간은 조정할 수 없으니, 그 약속을 조정하라고 조언했습니다.

분업. 한 과제를 학우와 함께 나눠서 하는 것은 허락되지 않는 행동입니다. 학생은 스스로 공부하는 법을 배워야 한다는 말을 자주 듣습니다. 그러나 두 학생이 동일한 결론, 같은 내용의 문단이 포함된 과제를 제출하면 교수는 학생과 개별적으로 면담해서 둘이서 함께 분업했는지를 알아낼 수 있습니다. 어떻게든 진실은 드러나게 마련입니다.

대리시험. 다른 사람이 대신 시험을 치르도록 하는 것은 부정행위입니다. 수강생이 많아 교수가 모든 학생을 기억할 수 없는 과목에서는 시험장에 들어가기 전에 학생증이나 신분증으로 본인을 확인하고는 합니다. 어떤 때는 대학원생들이 시험 감독을 돕기 위해 참여하기도 합니다.

추가 시험. 시험을 제때 치르지 못한 경우, 시험을 이미 치른 학생을 통해서 시험 문제를 알 수가 있습니다. 하지만 보통의 추가 시험은 이미 치러진 시험과 같은 문제가 아닙니다. 제가 아는 한 교수는 추가 시험은 구두시험으로 치르게 합니다. 이 경우, 여러분은 교수 연구실에 찾아가 교수 앞에서 문제를 듣고 큰 소리로 답을 말해야 합니다. 학생들은 이런 시험을 치르고 싶지 않기에 정해진 시험 시간에 꼭 참석하려고 노력합니다.

마감 시한을 맞췄다고 주장하기. 정해진 시한을 넘겨 과제를 제출했으나, 시한에 맞췄다고 주장하는 경우가 있습니다. 이 주장은 보통 시한을 제대로 맞추지 않았기 때문에 발생하는 변명입니다. 교수가 과제를 어떤 방법으로 제출했는지 정확히 확인하기 시작하면, 대부분은 공지된 것과 어긋난 방법으로 제출했음을 알게 됩니다.

답안지 수정. 채점된 시험지를 되돌려 받고 난 후에 답안을 수정하는 사례도 있습니다. 답을 맞게 썼는데, 채점에 오류가 있다고 주장하는 경우입니다. 이런 상황을 우려하는 교수들은 시험지를 되돌려 주기 전에 스캔해서 저장하곤 합니다. 채점한 후에 시험지의 변화가 있다면, 찾아내는 것은 너무 쉽습니다.

비윤리적 행위는 모두에게 영향을 미칩니다

한 학생이 부정행위를 하면 했다는 것이 의심이 되는 경우에도), 교수는 모든 학생을 의심하게 됩니다. 예를 들어, 한 학생이 옆 학생의 답안을 커닝하기 위해 머리를 삐딱하게 들고 있는 것을 보면, 교수는 모든 학생의 커닝 방지를 위해 시험지에 표지를 만들고 표지를 덮은 상태로 시험을 보도록 할 수 있습니다.

한번은 중간고사 시험을 보았는데, 답안을 제출하지 않은 학생이 있었습니다. 학생은 분명 시험을 보았지만, 낙제 점수를 받을 것이 확실해서 시험지를 몰래 옷 안에 숨기고는 강의실을 빠져나갔습니다. 학생은 정상적으로 시험지를 제출했지만, 교수가 그 시험지를 잃어버렸다고 주장했습니다. 확실한 증거가 없어서 부정행위로 신고하지는 않았습니다. 저는 그 학생에게 추가 시험을 보도록 제안했지만, 결국 시험을 다시 치르러 오지 않았습니다. 이 사건으로 저는 상당한 충격을 받았고, 다시는 이런 일이 생기지 않도록 하리라고 마음먹었습니다. 그래서 시험지를 제출할 때마다 학생의 이름을 확인했고, 시험 장소에 참석한 학생과 일치하는지 정확히 점검했습니다. 제가 가르쳤던 다른 학생들도 그런 행위를 했을지는 의문이지만, 우선은 제가 관리 소홀로 시험지를 잃어버렸다는 비난을 받지 않기 위해 조치가 필요했습니다. 이제 저는 학생의 시험지를 금덩이 다루듯이 합니다!

비윤리적 행위가 발각된다면 어떻게 될까요?

학문 세계에서 윤리는 매우 민감한 주제입니다. 학문은 진리를 추구하는 활동으로 여겨지기 때문에 대학 캠퍼스마다 윤리규정 honor code 을 가지고 있습니다. 윤리규정 세부 내용에 따라, 위반사항이 발생하면 교수,

처장 또는 윤리위원회 등에서 각각 처리할 수 있습니다. 형식적인 윤리규정이 없더라도 부정행위는 그에 상당한 결과가 있습니다.

한 학생이 실험에 참여하고 과제 제출 요건에 맞는 연구보고서를 제출했다고 가정해 봅시다. 다만, 그 학생은 지난해에 참여했던 실험을 올해 한 것으로 바꿔서 제출했습니다. 이는 명백하게 작년 내용을 그대로 제출한 것입니다. 학생은 어떻게 될까요? 다양한 가능성이 있습니다. 그 과제만 0점 처리될 수 있고, 수강하는 과목이 F학점 처리될 수도 있으며, 학교로부터 유기정학을 받을 수도 있습니다. 취업 면접 때, 그 학기에는 왜 학교에 다니지 않았는지 질문을 받으면 대답하기 난감할 수 있습니다.

여러분이 입학하는 대학에 윤리규정이 있다면, 보통 신입생 오리엔테이션 기간에 그 규정을 소개해 줍니다. 그리고 윤리규정의 모든 내용에 동의하고, 이행하겠다는 서명을 해야 할 수도 있습니다. 윤리규정에 위반되는 사건이 발생해서 윤리위원회에 회부되면 조사가 진행되고, 위원들이 심문을 하고, 위반이 확정되면 처벌을 받게 됩니다. 여러분은 이와 같은 과정을 절대 경험하고 싶지 않을 것입니다. 비윤리적인 행위는 진리를 추구하는 학문 기관의 임무를 위태롭게 할 수 있으므로 매우 심각하게 다루어진다는 것을 명심해야 합니다.

윤리적인 행동은 대학생활 전반에 필요합니다

만일 학업과 일을 병행하고 있다면, 일하는 시간도 잘 지키고, 맡겨진 임무도 성실하게 할 필요가 있습니다. 교수의 연구 프로젝트를 돕기 위한 일을 여러분이 하게 된다면, 그 일을 진지하게 수행해야지 결코 대충하면 안 됩니다. 예를 들어, 여러분이 실험용 새가 사과를 부리로 쪼는 횟수를 측정하는 일을 맡았다면, 정확성을 기해 그 일을 해야 합니다. 집에 가서 낮잠이나 잘 요량으로 대충 숫자를 적어버린다면, 여러분은 연구윤리를 심각하게 위반한 결과를 낳습니다. 단지 교수를 화나게 할 뿐만 아니라, 그 행동은 연구윤리위원회에 회부될 수도 있고, 학교에서 쫓겨나는 결과를 초래할 수도 있습니다.

한 학생이 자신의 동생이 오토바이 사고를 당해 급히 집에 가야 하는 상황이어서 중간고사를 볼 수 없다고 말했습니다. 저는 병원 응급실에 누워 생사를 다투는 장면이 그려져 마음이 너무 무거웠습니다. 그래서 부디 아무 일 없기를 바라며, 얼른 출발하도록 했습니다. 학생을 다시 만났을 때, 동생의 안부에 대해 물었습니다. 그런데 전에 들었던 내용과는 다소 다른 이야기를 했습니다. 알고 보니, 동생은 병원에 있지 않았습니다. 엄마가 동생의 진료 예약 때문에 집에 와서 더 어린 동생을 돌봐달라고 부탁한 상황이었습니다. 제가 그 상황을 정확하게 알았다면 아마도 학생에게 추가 시험을 허락하지 않았을 것입니다. 아마도 집에 가기 전에 시험을 치르거나, 동생을 다른 사람에게 맡기도록 요청하라고 했을 것입니다.

위 사례는 학생의 부정행위를 보여주는 예시가 아닙니다. 학생에 대해 가졌던 저의 믿음에 금이 간 사례입니다. 사실 그 학생은 학기 내내 이러저러한 핑계를 대며, 과제를 늦게 제출하고, 내용도 형편없었으며, 마감시한 연장을 계속 요청했습니다. 첫 경험 때문에 저는 그 학생의 핑계를 진지하게 생각하지 않았습니다. 진실을 과장하려는 학생은 일상적으로 그것을 반복한다는 사실을 발견했습니다. 이 같은 태도는 여러분의 학업 과정과 직업 경력에 어려움을 발생시킬 수 있습니다.

그 학생은 도대체 왜 그랬을까요? 저는 대학 과정을 자신의 삶의 최우선에 두지 않기 때문이라고 생각합니다. 대신 필요할 때마다 적당하게 상황을 모면하려고 했고, 부정적인 결과를 피하기 위해 거짓말로 둘러대고 대충 마무리하기를 원했던 것입니다.

왜 학생들은 부정행위를 할까요?

대부분의 학생은 처음부터 부정행위를 의도하지 않습니다. 바른 의도를 가지고 있더라도, 일이 잘못 되고 있는 상황이라면, 손쉽게 상황을 모면하기 위한 방법을 선택해 버립니다. 부정행위를 하는 가장 큰 두 가지 이유는 첫째, 공부를 성실하게 하지 못했는데 성적을 꼭 올리고 싶기 때문에, 둘째, 시험공부를 하거나 과제를 제출하기 위한 충분한 시간을 확보하지 못했기 때문입니다. 그리고 다른 학생도 다들 그렇게 한다면서 자신의 부정행위를 합리화합니다. 하지만 그것은 사실이 아닙니다.

어떤 학생들은 너무 게으른 나머지 과제를 스스로 하지 않으면서 적당한 성적을 받기 위해 과제를 제출할 수 있는 가장 쉽지만 바람직하지 않은 방법을 선택합니다. 하지만 부정행위가 드러나고 적발되었을 때는 그 학생의 향후 대학생활은 위태로워질 수 있습니다.

부정행위로 의심받지 않는 방법

교수는 학생들의 예상되는 행동과 의심스러운 정황에 대해 수년간의 축적된 경험을 가지고 있습니다. 정직한 학생은 부정행위를 방지하고자 하는 조치들을 불편해 할 수도 있습니다. 하지만 결국 비윤리적 행동을 사전에 막는 노력을 통해서 정직한 학생들의 학업을 보호할 수 있게 됩니다.

여러분이 정직한 학생이라면, 누군가가 자신을 의심하는 것을 원하지 않을 것입니다. 부정행위인지 아닌지 가려내는 과정은 어려우면서도 불편한 상황이기 때문에, 사전에 부정행위로 의심받지 않기 위해 조심할 필요가 있습니다. 다음을 여러분에게 제안해 봅니다.

브로콜리 교수님께,

제가 쓴 리포트가 표절한 것이 되지 않으려면
한 문장에서 몇 단어씩 다른 단어로 바꾸면 될까요?

수강생 샘 드림

- 시험을 치를 때 함께 공부한 학우와 붙어 앉지 마세요. 함께 공부하는 과정에서 내용을 잘못 이해한 경우, 특이한 답이나 동일한 내용을 적게 된다면 시험을 치를 때 서로 도움을 주고받았다고 오해 받을 수 있습니다.
- 시험 직전까지 자신의 필기 노트를 보면서 공부했다면 시험 시작 전에 가방 안에 넣고 지퍼까지 닫아 놓으세요. 그리고 절대 노트를 펼친 상태로 책상 서랍에 넣어 놓지 마세요.
- 시험을 치르는 동안, 필기할 종이가 필요하다면 교수나 시험감독 조교에게 요청하세요. 여러분이 가져온 종이를 사용한다면, 메모를 보면서 시험을 치른다고 오해받을 수 있습니다.
- 다른 사람이 여러분의 답안을 볼 수 있도록 시험지나 답안지를 펼쳐

놓지 않아야 합니다. 시험지 표지가 있다면 그 표지를 활용하여 다른 학우가 내용을 볼 수 없도록 가려야 합니다.

- 시험과 관련된 공지사항을 꼼꼼하게 읽어야 합니다. '계산기 사용 불가'와 같이 중요한 내용을 놓친 경우, 계산기를 꺼내는 순간 부정행위가 됩니다.
- 모든 과제물에 대한 지시사항을 숙지해야 합니다. 어느 종류의 자료를 사용해도 되는지 확실하지 않다면 사전에 물어봐야 합니다. 지시사항에 타인의 도움 없이 과제를 스스로 해야 한다고 명시되어 있다면, "몰랐어요!"라는 변명은 통하지 않습니다.
- 다른 학우와 함께 공부한다면 함께 토론하는 것까지는 좋습니다. 그러나 본인 고유의 이해 내용이나 해결책을 스스로 작성해야 합니다.
- 리포트 작성을 준비하는 과정에서 나중에 요약하거나 인용할 목적으로 내용을 파일로 복사했다면 여러분이 나중에 쉽게 구분할 수 있도록 정리해 놓아야 합니다. '참고 자료'와 같은 파일 이름으로 저장해 놓는 것이 좋습니다. 즉 여러분이 직접 작성한 것과 어디에선가 가져온 것을 알기 쉽게 구분해 놓아야 합니다. 단어 몇 개를 바꾸거나, 여러 자료에서 문장을 짜깁기한다고 해서 여러분 고유의 작품이 되는 것은 아닙니다.
- 모든 시험지, 문제지, 채점 후에 돌려받은 리포트나 프로젝트까지 모두 모아두는 것이 좋습니다. 혹시나 교수나 채점자가 다시 필요하다고 하거나, 누락했을 경우에 대체할 수 있습니다.
- 이전 학기에 제출된 리포트나 출제된 시험지를 친구나 동아리 선후배를 통해서 구할 수 있더라도, 참고하고 싶은 유혹을 뿌리치기를 당부합니다. 교수들은 종종 예전 과제와 현재 과제를 구분할 수 있는 안전장치로 어딘가의 내용을 조금 바꿉니다. 여러분 스스로 과제

를 해내는 것이 최고의 안전장치입니다!

- 과거 여러분이 했던 과제, 연구노트, 리포트를 다른 학우와 공유하는 것에 신중하세요. 친구들은 여러분이 좋은 학점을 받았던 그 자료를 참고하고 싶어 하지만, 그 자료가 만일 베껴져서 사용된다면 여러분도 곤경에 처할 수 있습니다.

- 미리 계획하고, 일찍 시작하는 것보다 좋은 것은 없습니다. 부정행위 없이는 받을 수 없는 성적을 목표로 하지 말고, 스스로 실행할 수 있는 현실적인 기준을 잡아야 합니다.

신뢰는 필수입니다

여러분이 대학에 있는 동안, 교수와 여러분 사이에 신뢰 관계를 발전시키는 것은 무엇보다 중요합니다. 부정행위는 그 신뢰 관계를 무너뜨립니다. 여러분의 믿음직한 평판은 무엇보다 중요하니, 절대 그 평판에 해가 되는 행동을 하지 마세요.

사실인 것처럼 내용을 꾸며 보도하는 언론인, 있지도 않은 학위를 가졌다고 주장하거나 다른 사람의 아이디어를 자신의 것처럼 도용하는 정치인, 선출직 공무원, 작가, 작곡가, 회사의 자금을 횡령하는 직원, 사기죄로 구속되는 범인 등 사회생활 중에 비윤리적인 행위를 저질러 그 결과로 다른 사람에게 피해를 입히는 사례들은 넘쳐납니다. 부정의 구렁텅이에 빠지지 않기 위한 노력의 시작은 여러분의 과제에서, 여러분의 대학생활에서, 여러분의 대학 이후의 삶에서 늘 정직하게 행동하는 것입니다!

교수님, 이거 시험에 나와요?

제5부

마지막 당부

제15장
학부모님에게

준비시키고, 지원해주고, 존중해주기

오전 9시에 있었던 미적분학 강의를 마치고 연구실로 돌아왔을 때였습니다. 연구실로 전화가 왔는데, 좀 전에 끝난 과목의 수강생의 부모였습니다. 전날 밤에 아들에게 전화를 걸었지만 아들이 받지 않자 걱정이 된 나머지 저에게 전화를 한 것이었습니다. "녀석이 오늘 아침 수업에 출석을 했을까요?" 저에게 걱정스럽게 물었습니다.

와! 어떻게 자녀의 학교 시간표를 알고 있으며, 제가 그 과목의 교수인 것까지 알았을까요?

물론 저는 그 학생이 항상 맨 앞줄 가운데 앉아서 수업을 듣는 학생인 것을 알고 있었으며, 그날도 수업에 왔습니다. 평소에 매우 활발한 학생이기도 했습니다. 저는 학생의 아버지에게 말씀드렸습니다. "자제분이 이제는 스무 살이 넘은 것으로 알고 있습니다. 그래서 당사자 허락 없이는 그 학생에 대해서 아무 것도 알려드릴 수 없습니다. 죄송합니다. 하지만 학생들은 집을 떠나 대학에 입학하면 스스로가 독립적이라고 생각하는 경향이 있습니다. 그래서 일거수일투족 알려고 하는 부모의 관점을 거부할 수 있습니다. 아니면, 핸드폰 배터리가 방전되었거나요. 어쨌든, 곧 연락이 갈 테니 너무 염려하지 마세요."

많은 가정에서 자녀가 대학에 입학할 때, 처음으로 부모와 긴 기간 떨어져 지내게 됩니다. 꽤 어려운 일임을 압니다. 특히나 자녀의 일상과 학업 과정을 익숙하게 쭉 지켜보아온 부모일수록 더 어렵습니다. 자녀가 고등학생일 때는 학교생활기록부를 열람할 수 있는 홈페이지를 통해서 자녀의 교육활동을 자세히 들여다 볼 수 있었습니다. 대학교에서는 학부모에게 우편으로 성적표를 보내는 것에 학생이 동의하지 않으면 성적표를 발송하지 않습니다.

저의 두 딸도 대학에 진학했었습니다. 집에서 떠나보내는 것이 얼마나 힘든 일인지 충분히 잘 알고 있습니다. 특히 관계가 돈독한 가정에서는 마치 영영 다시 볼 수 없는 이별을 하는 것과 같은 슬픔을 느끼기도 합니다. 또한 '아이들이 정말 순식간에 커버렸다!'라는 느낌도 잘 압니다. 최근에도 저는 손녀의 손을 잡고 유치원에 데려다주면서 그 생각을 했습니다. 학부모께서는 영원히 자녀의 손을 잡고 놓고 싶지 않겠지만 하실 수 있는 최선의 것은 자녀가 대학에 갈 때 (더 나아가 사회에 진출할 때) 부모의 일상적인 도움 없이 스스로 자신의 일을 잘 해낼 수 있도록 가르치는 것입니다.[22]

대학 입학 전에 자녀를 준비시켜 주세요!

모든 부모는 자녀들이 정서적으로, 그리고 경제적으로 독립하기를 희망합니다. 학부모와 자녀 모두에게 도움이 될 만한 몇 가지 생각을 말씀드

◇◇◇◇◇◇◇◇

22 McConville, Mark. "How to Help a Teenager Be CollegeReady." New York Times, July 26, 2018. https://www.nytimes.com/2018/07/26/well/how-to-help-a-teenager-be-college-ready.html

리고자 합니다.

자립심과 책임감을 일찍 길러 주세요. 알람을 스스로 맞추게 하고, 도시락 싸는 법을 알려주고, 자기만의 일정표를 관리하고, 용돈기입장을 쓰도록 장려하고, 학교 공부는 초등학생 때부터 스스로 하도록 해주세요. 자녀가 일정을 지키고, 자기의 일을 결정하고, 공부한 결과에 스스로 책임을 지도록 해주세요. 부모를 떠나 홀로 있을 때보다 부모와 함께 살 때, 큰 실패를 경험하는 것이 훨씬 낫습니다. 자녀가 자신의 실패를 딛고 일어날 수 있도록 부모가 도와 줄 수 있으니까요.

대학 과정을 개인적 성장과 지적 성장을 위한 시간으로 여길 수 있도록 긍정적인 관점을 심어 주세요. 학부모께서 대학을 졸업했다면, 학업적인 성공담을 알려주세요. 설령 좋은 경험이 별로 없더라도, "스페인어 수업을 좀더 열심히 했었더라면 지금 하는 일에 도움이 되었을 텐데." 또는 "이럴 줄 알았으면, 경영학 과목을 좀더 들어 둘 걸 그랬구나."라는 말도 좋습니다. 제 어머니는 대학생 때 삼각법 trigonometry 과목을 좋아했었다는 이야기를 해 주신 적이 있습니다. 만일 제가 "나는 수학이 너무 싫었고, 잘 하지도 못했단다."라는 말을 어머니께 들었다면, 제 전공을 선택할 때 분명 영향을 미쳤을 것 같습니다.

대학에서 좋은 친구를 만났거나, 사업상 필요한 네트워크를 얻었던 경험이 있다면, 자녀와 대화할 때 그 이야기도 해주세요. 대학생활을 통해서 평생 지속될 좋은 관계를 얻는 것은 정말 큰 성과입니다.

학부모께서 대학을 졸업하지 않았다고 해서 늦은 것은 아닙니다. 저는 나이가 조금 있는 학생들이 제 수업을 듣는 것이 너무 좋습니다. 그 학생들은 더 집중하고, 태도가 바르고, 목표가 뚜렷합니다. 물론 대학 학위가 필요 없는 직업은 많습니다. 하지만 자녀가 고등학교 졸업 후에도 교육받을 수 있는 가능성을 열어두도록 도와준다면, 언젠가는 자녀에게 도움이 될 것입니다.

대학에 입학하기 전에 사회 경험을 해 보도록 장려해 주세요. 잔디를 깎고, 아이를 돌보고, 식당이나 가게에서 점원으로 일해 보는 경험은 학생에게 직업 세계가 어떤 것인지를 깨닫게 해줄 수 있습니다. 상사를 대하고, 동료와 함께 일하고, 일반 대중과 접촉해 보는 경험은 학생의 진로 선택과 학업 경로를 선택하는 데 유익할 수 있습니다. 이를 위해 고등학교에서도 직업 탐구 관점에서 멘토십 기회를 제공하기도 합니다. 학생들이 대학에 오기 전에 이 책의 서문 주제인, "대학에 왜 가나요?"라는 질문에 자신만의 답을 가져야 합니다.

구글 Google 을 다루는 기술뿐만 아니라, 사람을 대하는 가치를 배울 수 있도록 도와주세요. 요즘 자녀들은 뭐든지 인터넷으로 하는 것에 익숙합니다. 반면, 사람을 직접 대하며 도움을 구하고 전화 통화하는 것을 불편해 할 수 있습니다. 자녀가 고등학교에서 까다롭고 엄격한 교사를 경험하고 있다면 성격 차이에도 불구하고 학업을 잘 할 수 있는 방법을 찾도록 도와야 합니다. 대학에도 물론 학생을 가혹하게 대하는 교수가 있습니다. 하지만 그런 교수를 만났을 때 그 과목을 수강 취소하는 것이 그 상황을 모면하는 최선의 방법이 아님을 알아야 합니다.

자녀가 주변 환경과 주변 사람들을 잘 돌아보도록 도와주세요. 대학 캠퍼스를 둘러보면 귀에 이어폰을 끼고 고개를 숙인 채 자기 핸드폰만 들여다보며 걷는 학생들이 대부분입니다. 심지어 거리에서도 앞을 보지도 않은 채 무심코 걸어갑니다. 새로운 사람을 만나는 것은 꼭 필요한 능력입니다. 사람과 관계하는 일은 일평생 지속되는 일이기 때문입니다.

비용 부담에 대한 결정이 필요합니다. 대학생활을 위한 비용 부담에 대해 자녀와 함께 명확하게 이야기해야 합니다. 누가 얼마를 언제까지 지원할 것인지가 중요합니다. 학부모가 자녀와 함께 재정에 대해 결정한 내용으로 대학이 바뀔 수도 있으므로 일찍 이야기를 나누는 것이 좋습니다. 학자금 대출을 받아야 하는 상황이라면 누구의 명의로 대출을 받고 대출 상환의 책임을 질 것인지를 결정해야 합니다. 여러분의 자녀는 자신의 대학생활을 위해 스스로 얼마나 투자하려고 할까요? 자신이 비용 부담에 대해 직접적인 연관이 있다고 느끼는 학생은 학업 과정을 더 진지하게 임합니다.

제 친구 데이브는 대학에서 역사학을 전공했습니다. 졸업을 앞둔 마지막 학기에 데이브는 영어 한 과목을 제대로 공부하지 않았습니다. 제대로 출석하지 않았고, 과제도 빠뜨리고, 시험도 제대로 치르지 않았지만 마지막 학기이기 때문에 당연히 이수 처리될 것으로 믿었습니다. 이 과목은 필수과목이라 이수하지 않으면 졸업이 불가능했습니다. '졸업이 달려 있는데, 설마 교수님이 이수 처리 해 주시지 않겠어?' 결국 절망적인 소식을 들었을 때, 아버지에게 그 소식을 전했습니다. 부모는 "그래도 아빠, 엄마는 너를 사랑한단다."라고 먼저 말씀하신 후에, "우리가 네 등록금을 어떻게 지원하기로 결정했었는지 기억하지? 이번 학기가 마지막 학기였다."라고 말씀하셨습니다. 데이브는 여름학기에 그 과목을 재수강했습니다. 재수강 비용을 지불할 방법을 백방으로 알아보던 중, 재무 설계 financial planning 에 대한 정보를 우연히 알게 되었고, 결국 공인 재무설계사가 되는 계기가 되었습니다. 때로는 스스로 살아남기 위한 노력을 해 보는 것이 결과적으로 도움이 되는 경우도 있습니다.

학업에 대한 부모의 기대에 대해 이야기를 나누세요. 부모가 높은 성적보다는 성실하게 노력하는 것을 더 가치 있게 여긴다는 사실을 알고 있다면, 부모를 실망시킬까봐 두려워하는 학생들의 불안감이 해소될 수 있습니다. 맞습니다. 부모인 우리는 자녀들이 가진 잠재력을 충분히 발휘하기를 바라면서도, 자녀들이 때로 넘어지고 실패할 때는 비판하기보다는 조용히 의지할 수 있는 버팀목이 되기를 원합니다. 실망스러운 성적을 받고 울면서 제 연구실에 오는 학생들이 있습니다. 눈물까지 흘리게 만드는 것은 부모로부터 오는 압박감일 수 있습니다. 물론, 자녀가 스스로 너무 완벽을 추구했다가 실망한 경우일 수도 있습니다. 저는 최선을 다했으니 괜찮다고 격려하면서도, A학점을 받는 것이 학생의 최종 목표가 아니라는 것을 설명하려고 애씁니다.

명문대가 아니라도 괜찮습니다. 자녀에게 보살핌이 더 필요한지, 대학 진학이 꼭 필요한지에 대해 아직 확신이 없다면, 인근에 있는 대학에 입학해서 대학 경험을 하고, 요령을 익히는 것도 방법입니다. 아르바이트하면서 적은 과목만 수강하는 것도 요령입니다. 재정 상황이 좋지 않다면 집에서 통학할 수 있어서 절약할 수 있습니다.

갭이어 gap year **를 갖거나 잠시 쉬는 것도 고려해 보세요.** 다른 사람들이 모두 대학에 가니, 나도 가야 한다는 것은 대학 진학의 충분한 이유가 되지 못합니다. 대학 진학은 자녀에게 새로운 출발의 기회가 되어야 합니다.

어떤 학생들은 고등학교를 졸업하고 1년 정도 일을 하거나, 다른 사회 경험을 한 후에 대학에 진학해서 더 성공하는 경우도 있습니다. 밥 클래겟 Bob Clagett 은 두 대학, 노스캐롤라이나-채플힐대학교 University of North Carolina-Chapel Hill 와 미들베리칼리지 Middlebury College 의 재학생 중 고등학교 졸업 직후 입학한 학생과 갭이어를 갖고 입학한 학생을 비교한 결과,

갭이어를 가졌던 학생들의 학업 성취도가 더 높다는 연구 결과[23]를 발표했습니다. 병원, 학교, 법률사무소 등에서 일하거나 봉사하는 경험이 자녀가 진로를 결정하는 데 도움이 될 수 있으며, 해외에서 일하거나 공부하는 것도 유익한 경험이 될 수 있습니다. 대학들도 학생들이 갭이어를 갖기 위해 대학 입학을 미루는 것을 허가해 주기도 합니다.

제 친구의 경우, 자신은 고등학교 졸업 후에 바로 대학에 갔다면 아마 제적당했을 거라는 말을 했습니다. 그 친구는 대학에 갈 준비가 될 때까지 육체노동을 하며 5년을 보냈습니다. 그리고 대학에 입학했고, GPA 4.0으로 졸업한 후, 박사 학위까지 취득했습니다. 사회에서 일하며 배운 것이 자신만의 학업 목표를 세우는 데 도움이 되었다고 했습니다. 현재 그 친구는 명문 주립대학교 교수로 일하고 있습니다. 이것이 바로 대학 진학 전에 얻을 수 있는 진정 가치 있는 지식입니다.

재정이 결정적인 문제라면, 대학생활을 위해 잠시 일을 하는 것도 현명한 방법일 수 있습니다. 대학 강의를 들으며 너무 많은 시간을 아르바이트에 할애하는 것은 오히려 역효과를 낳을 수 있습니다. 제가 아는 학생 한 명은 학교를 다니면서 아르바이트를 세 개나 했었습니다. 그런데 결국 그 학생은 대학 수업을 따라가지 못했고, 중퇴하는 지경에 이르렀습니다.

자녀가 대학에 입학하면

자녀가 대학에 입학하면, 자녀의 대학 일정을 존중해 주어야 합니다. 가족 여행 일정을 계획하면서 수업을 빠뜨리거나, 시험 일정을 조정하게 하

◇◇◇◇◇◇◇◇

23 Clagett, Bob. "Bob Clagett on Taking a Gap Year." College Admission, March 20, 2013. http://collegeadmissionbook.com/blog/bob-clagett-taking-gap-year

면 안 됩니다. 자녀가 집에서 통학하거나, 집 가까운 곳에 산다고 하더라도, 대학생활에 지장 받을 정도로 의지하면 안 됩니다. 왠지 수업 시간일 것 같으면 전화하거나 메시지 보내는 것도 피하는 것이 좋습니다.

필요할 때, 도움을 주어야 합니다. 여러분의 자녀는 고등학교를 졸업하면 성인입니다. 이제 스스로 결정하고, 실수도 할 수 있도록 신뢰해야 할 때가 되었습니다. 집을 떠나 대학에 진학하는 경우, 자녀로부터 소식을 듣는 것은 부모에게 매우 기쁜 일임을 꼭 알려주시고, 문제가 발생했을 때는 반드시 부모에게 알려야 한다는 사실도 주지시켜 주세요. 자녀와 의사소통을 잘 하는 것이 핵심입니다. 자녀가 여러분에게 문제에 대해 상의한다면, 바른 해결책을 찾도록 돕거나, 캠퍼스에서 필요한 도움을 받을 수 있는 사람을 찾도록 조언해 줄 수 있습니다. 학부모의 지혜는 값으로 평가할 수 없습니다.

극성스러운 학부모가 되지는 말아주세요. 핸드폰, 문자 메시지, 메일이 있어서 의사소통하기 쉬워진 것은 학부모에게는 행운입니다. 기술의 발달은 기존의 친구와 가족을 계속 연결시켜 주지만, 자녀들은 새로운 환경에서 익숙하지 않은 관계를 형성하고 발전시켜 나가는 법을 배울 필요가 있습니다. 학부모의 끊임없는 연락과 간섭은 자녀가 정서적 독립과 문제 해결 능력을 발달시키는 데 오히려 장애가 됩니다. 학부모의 지속적인 점검과 독촉을 벗어나 스스로 마감 시한을 지킬 필요가 있습니다.

너무 간섭받는 느낌이 들지 않도록 자녀가 스스로 부모에게 연락하도록 권하는 것도 좋습니다. 제가 아는 한 학부모는 일주일에 딱 한 번 연락하는 것으로 정했습니다. 자녀가 독립적으로 생활할 수 있도록 돕기 위한 결정이었지만, 그 정도만으로도 자녀는 부모의 애정을 충분히 느낄 수 있습니다.

학부모께서 자녀의 건강, 안전, 저조한 학업 성취도가 정말로 걱정된다면, 학과사무실이나 학생처에 연락하여 고민을 털어 놓을 수 있습니다. 학부모나 교수가 문제가 있다는 사실을 알려주면 교직원이 학생들을 점검하는 절차가 마련되어 있습니다.

자녀를 만나기 위해 캠퍼스를 방문하면, 자녀가 개인적으로 따르는 교수를 만나러 연구실에 방문하는 것을 어려워하지 마세요. 저와 같은 교수들은 학부모와 만나는 것을 정말 좋아합니다!

학부모님, 자녀들을 대학에 보내주셔서 감사합니다. 자녀들이 여기까지 올 수 있도록 정말 수고가 많으셨습니다. 대학은 자녀들의 인생에 무척 중요한 단계입니다. 그 단계까지 자녀를 인도한 공로는 인정받아 마땅합니다.

제16장

학생들에게

여러분이 만반의 준비가 되어 있다면, 대학생활은 정말 환상적인 경험입니다. 이 책이 도움이 되었기를 바랍니다.

이제 준비가 되었다면 입학해서 배움을 시작해 봅시다! 성공적인 대학생활을 위해 전력을 다해 보기 바랍니다. 비용을 지불하고 학사 학위를 구매하는 소비자가 되지 말고, 여러분의 목표를 이루기 위한 기회의 장으로 삼아 보세요.

새로운 시작. 대학 교육은 고등학교의 연장선상에 있지 않습니다. 여러분 인생에 있어 새로운 단계의 출발점이며, 전문적인 교육의 장입니다. 고등학교 성적이 어떠했든, 평가가 어떠했든지 이제는 과거의 일이 되었습니다. 여러분이 과거에 무엇을 잘했는지 못했는지 아무도 관심이 없습니다. 이제 아예 새로운 출발점 앞에 섰으며, 목표도 새롭게 설정할 수 있습니다.

이 책을 모두 읽었다면, 일관되게 여러분에게 제안한 내용을 기억할 것입니다.

- 대학에서는 여러분을 성인으로 대합니다. 이 사실을 진지하게 받아들이고, 여러분도 성인처럼 행동하세요.
- 마음을 다잡고, 모든 수업에 적극적으로 참여하세요.
- 교수와 친밀한 관계를 위해 노력하고, 학업으로 좋은 인상을 남기도록 노력해 보세요.
- 불후의 명언인 "모든 수업에 결석하지 말고, 모든 과제를 빠뜨리지 말라"를 기억하세요. (제2장에서 저의 제자 타일러가 남긴 말)

감사한 마음. 여러분이 새롭게 가는 길에서 도움을 받는다면, 그 도움에 대해 감사한 마음을 가지세요. 이 책은 학생을 바라보는 교수의 관점을 알려주기 위해서 썼습니다. 교수께 도움을 받았다면, 감사의 말을 전해 보세요. 메일 한 통이면 충분합니다. 물론, 손 편지는 더욱 감동이겠지요.

대학을 졸업할 때이든지, 1년 뒤이든지, 여러분의 근황을 알려주기 위해 연구실을 잠시 들르는 것은 멋진 행동입니다. 교수는 여러분의 방문을 진심으로 환영할 것입니다. 그리고 여러분이 전해 주는 소식에 자기 일처럼 행복해 할 것입니다. 특히 전해 줄 좋은 소식이 있다면 더더욱 그럴 것입니다(여러분이 대학원 과정을 시작한다든지, 새로운 학위를 취득했다든지, 좋은 곳에 취업을 했다든지, 해외 연수 프로그램에서 좋은 경험을 했다든지, 무엇이든 좋습니다). 혹시나 졸업 후에 캠퍼스를 방문하게 되면 꼭 들러주세요. 회사에서 승진했을 때 메일로라도 알려주세요.

대학생활이 순조롭다면, 여러분은 여러 학우와 다양한 관계를 형성하게 됩니다. 그 관계는 대학생활을 풍요롭게 해 줄 뿐만 아니라, 대학 이후의 삶에도 영향을 미치게 됩니다. 네트워킹 networking 이 가장 중요합니다.

대학에서 사귄 학우는 분명 그 네트워킹의 일부가 될 것입니다. 수년이 지나 동창회가 열렸을 때 다시 만나고 싶은 친구들이 많아지기를 바랍니다.

여러분이 대학을 미래를 위한 준비 과정으로 여긴다면, 다음 단계로의 전환은 훨씬 수월할 것입니다. 조언을 잘 따라준다면, 여러분이 교수의 입장을 잘 이해한 방식으로 여러분 직장의 상사, 군대의 상관, 대학원의 지도교수의 입장을 이해할 수 있습니다.

대학을 졸업할 때, 한 가지 더 명심하세요. 여러분에게 재정적으로 도움을 준 모든 분에게 감사해야 합니다. 부모, 조부모를 포함한 가족, 혹은 회사나 군대, 아니면 장학 후원자일 수도 있습니다. 그분들에게 투자해 주셔서 감사하다는 말씀을 꼭 전하세요. 만일 여러분 스스로 학자금을 벌어가면서 공부했다면, 여러분은 최고의 상을 받을 자격이 있습니다. 그 상은 대학 후의 삶에서 멋진 경력의 모습으로 다가올 것이라 믿습니다.

다시 읽기. 대학에 입학하기 전에 이 책을 읽고 있다면, 여러분은 입학과 동시에 대학생활을 힘차게 시작할 수 있습니다. 그리고 첫 학기를 마치고 난 뒤에 두 번째 도약을 위해서 다시 한번 읽어보기를 권합니다. 아마도 이 책의 조언이 더 실감나게 느껴질 것입니다. 아마 첫 번째 여행보다훨씬 더 멋질 두 번째 파리 여행을 떠나는 것과 같이 말이지요.

용어집

전부 읽어보세요. 몰랐던 새로운 내용이 분명 있을 거예요.[24]

학계, 학술기관(academia, the academy). 때로는 고등교육 기관을 학계 혹은 학술기관으로 부르기도 합니다. 그 사례로 이런 표현을 쓰기도 합니다. '그는 정계에 입문하기 전에 수십 년간 학계에 몸담았었다.'

블루북(blue book). 파란색 표지가 특징이며, 내용이 비어 있는 노트 책자입니다. 주로 필기시험을 볼 때 사용하는 답안용 시험지입니다. 시험을 치를 때 교수가 직접 깨끗한 블루북을 배포할 수도 있으며, 시험을 치르기 위해 블루북을 학생이 구입해서 지참해야 하는 경우도 있습니다. 캠퍼스 내 구내서점에서 구입할 수 있습니다.[25]

대학요람(catalog). 대학 소개, 학사력, 전공, 학위 과정, 학칙, 졸업 요건 등이 포함된 상세한 대학 설명 자료입니다. 대부분의 각 대학은 매년 새롭게 제작합니다.

칼리지(college)와 유니버시티(university). 칼리지는 학사 학위를 취득하기 위한 4년제 대학을 가리키며, 유니버시티는 여러 칼리지와 스쿨(School)이라는 조직이 모여 이룬 집합체로서의 대학을 가리킵니다. 그 조직 중에 석사 학위 또는 박사 학위를 취득할 수 있는 과정이 포함되어 있습니다.

학점 시간(credit hours). 어느 과목을 수강 신청한 후 이수를 완료하면 취득하는 학점의 수를 말합니다. 보통 1주일에 몇 시간 수업을 하는 과목인지를 의미함

◇◇◇◇◇◇◇◇

24 옮긴이. 용어집의 순서는 원서의 순서(알파벳순)를 따랐으며, 원서의 내용이 훼손되지 않는 범위 내에서 사용 용어나 표현은 한국에서 통용되는 용어로 변경하여 사용하였으나, 한국의 실정과 맞지 않는 내용도 있어 각주를 통해 옮긴이의 추가 설명을 표시함.
25 옮긴이. 한국의 경우 대부분 대학 차원에서 제공하는 시험지와 답안지를 사용함.

니다. 일반적인 과목은 일주일에 3시간 수업을 하고, 3학점을 부여합니다. 실험 과목의 경우, 일주일에 3시간 참여하지만 1학점만 부여하는 경우가 있습니다. 학사 학위를 취득하기 위해서는 통상적으로 전공 인정을 위한 최소 학점을 포함하여 대략 120학점을 취득해야 합니다.

CV(curriculum vitae). 주로 학계에서 사용하는 이력서의 종류입니다. 일반적으로 사용하는 이력서보다는 더 길며, 논문 목록, 연구 분야, 강의 경력, 연구비 현황, 수상 경력 등 학문적인 배경과 성취에 관련된 많은 내용을 포함합니다.

보직(dean, provost, president).[26] 학과(부)장, 처장, 총장 등 대학 운영을 위한 행정을 위해 교수가 보직을 맡기도 합니다. 대학에서 학과장은 각 학과(부)의 사무를 대표하는 분을 의미합니다. 처장은 학생처, 교무처, 기획처와 같이 대학 운영을 위한 특정 사무를 책임지는 분을 의미합니다. 교육과 연구에 관련된 모든 사무는 대학의 최고 책임자인 총장에게 보고됩니다.

학위(degree). 전문 학사는 2년제 전문대학교에서 수여되는 학위입니다. 학사 학위는 4년제 칼리지 또는 유니버시티의 학부과정을 마치면 수여되는 학위입니다. 대학원생은 학사 학위 취득 후에 석사 학위, 박사 학위 등 다양한 종류의 학위를 위해 공부합니다.

학과(부)(department). 각 학문 분야는 학과(부)로 조직화되어 있습니다. 여러분이 공부하고자 하는 분야를 가르치는 학과(부)를 통해서 과목을 수강하고 전공할 수 있습니다.

토론섹션(discussion section). 많은 학생이 수강하는 대형 강의의 경우, 최소 1주일에 한 번 정도 대학원생(TA(teaching assistant)라 불리는 수업조교)의 주도하에 소규모 그룹으로 모여 강의 주제에 대해 토론하고 학생들이 직접 질문할 수 있는 시간을 갖습니다.

◇◇◇◇◇◇◇◇

26 옮긴이. 영문 명칭은 국가별, 대학별로 상이함. 한국에서 보편적으로 사용되는 보직명으로 표시함.

학위논문(dissertation).[27] 박사 학위를 취득하기 위한 마지막 단계로서 작성하는 논문입니다. 이 학위논문을 쓰기 위해서는 독창적인 연구가 선행되어야 합니다.

수강 취소(drop), 수강 추가(add), 수강 철회(withdrawal). 매 학기 초에 학생이 수강하고자 하는 과목을 추가하거나, 수강 신청했던 과목을 취소할 수 있도록 짧은 수강 신청 정정 기간이 주어집니다. 이 기간에 추가하거나 취소하더라도 별도의 기록이 남지 않습니다. 하지만 수강 신청 정정 기간이 지나서 수강 신청했던 과목을 취소한다면, 이 경우는 수강 철회로 간주되어 성적표에 'W'로 표시됩니다. 하지만 이 W 과목은 성적이나 평균 평점(GPA)에 반영되지는 않습니다. 대부분의 대학이 수강 철회를 할 수 있는 최종 기한과 수강 철회 가능 횟수를 별도로 정해 놓습니다.

석좌교수(endowed chair). 학문적 업적이 뛰어난 교수에게 특별한 명예와 특전을 부여하기 위해 석좌교수라는 별도의 직함을 주기도 합니다. 대학은 보통 고액의 기부금을 받아 석좌 기금을 마련하고, 기금을 통해 훌륭한 교수들의 연구를 지원하는 데 사용합니다.

교원(faculty). 칼리지와 유니버시티에서 학생을 가르치고 연구하는 교수의 집합체를 의미합니다.

평균 평점(grade point average, GPA). 수강을 완료한 모든 과목의 평균 점수입니다(A는 4점, B는 3점, C는 2점, D는 1점, F는 0점).[28]

대학원생 조교(graduate assistant, GA). 이미 학사 학위를 취득하고, 대학원 과정에서 공부를 하면서 교원의 수업이나 연구를 돕기 위해 고용된 학생을 말합니다.

◇◇◇◇◇◇◇◇

27 옮긴이. 국내에서는 석사 학위, 박사 학위 논문을 일컫는 용어로 함께 사용하지만, dissertation 은 박사 학위 논문, thesis는 석사 학위 논문으로 엄격히 구분해 사용하기도 함.
28 옮긴이. 한국의 경우, A가 4점, 4.3점, 4.5점 등으로 학교별로 상이함.

연구비(grant). 교원 개인이나, 연구그룹의 연구 활동을 지원하기 위한 보조금을 의미합니다.

하이브리드 과목(hybrid course). 대면 수업과 비대면 수업이 결합된 과목을 의미합니다.

성적 보류/미완(incomplete). 기말고사 또는 리포트 제출과 같은 필수적인 요구 조건을 완료할 때까지 성적 부여가 잠시 미루어진 상태를 말합니다. 요구 조건을 완수해야 하는 마감 시한이 별도로 정해져 있습니다.

학습관리시스템(learning management systems, LMS). 과목 정보, 강의계획서 열람, 성적 확인, 공지사항 확인, 온라인 시험, 과제 제출 등 교수의 강의 및 학생의 학습을 지원하고 관리하기 위해 대학이 운영하는 온라인 시스템입니다. 가장 일반적인 시스템으로는 블랙보드(Blackboard), 캔버스(Canvas), 무들(Moodle)이 있습니다. 온라인으로 진행되는 과목은 LMS에서 강의를 들을 수 있고, 토론 게시판도 운영됩니다.

멘토(mentor). 멘토는 경험과 지식을 겸비하여 타인에게 롤모델이 되며, 긍정적인 자질에 대해 조언해 주는 사람을 의미합니다. 학생이 졸업논문을 쓰거나, 교수와 함께 연구 활동을 하게 된다면, 교수는 학생의 성장과 발전을 적극 지원해 주는 학생의 멘토로 여겨지게 됩니다.

중간고사(midterm exam). 중요한 시험이지만, 수강하는 과목의 마지막 시험은 아닙니다. 수업을 진행하는 도중에 치르는 시험이라는 의미이며, 어떤 과목은 학기 중에 중간고사를 두세 번 치르기도 합니다.

오피스 아워(office hours). 모든 대학의 모든 교수들은 정해진 오피스 아워가 있습니다. 오피스 아워는 학생이 수강하는 수업과 관련되었다면 어떤 용무로든 잠깐 들러서 이야기 나눌 수 있는 시간을 의미합니다. 오피스 아워로 정해진 시간이라면 방문하겠다는 통지를 미리 할 필요도 없습니다.

오버라이드(override). 수강 인원이 모두 채워진 과목이나 수강하기 위한 조건(선수 과목 이수 등)이 있는 과목을 수강 신청할 수 있도록 예외적으로 허가해 주는 것을 의미합니다. 교수가 여러분에게 오버라이드를 허용한다면, 여러분은 원하는 과목을 수강 신청할 수 있습니다.

전문가 검증 학술지(peer-reviewed journal). 어느 분야의 전문가가 작성한 논문에 대해 같은 분야에 속한 전문가가 연구의 정확성, 내용의 본질, 연구방법의 유효성, 독창적 학문 기여도를 심사하여 발행을 결정하는 논문이 수록된 정기 간행물을 의미합니다.

표절(plagiarism). 타인의 작품이나 글을 자신의 것인 양 도용하는 행위를 표절이라고 합니다. 표절은 명백한 부정행위입니다.

전문대학원(professional schools). 전문대학원은 학사 학위 수준을 넘어서는 전문 분야의 직업인을 육성하는 프로그램을 운영하는 대학원을 말합니다. 의학전문대학원, 치의학전문대학원, 법학전문대학원, 경영전문대학원 등이 그 예시입니다.

지정도서 서가(reserve desk in a library). 도서관은 책이나 자료를 지정도서(books on reserve)로 구분하여 소장할 수 있습니다. 지정도서는 도서관에서 열람할 수는 있지만, 도서관 밖으로 반출할 수 없고, 제한된 시간 동안 사용할 수 있는 도서를 의미합니다. 별도로 구분된 지정도서 서가에서 확인할 수 있습니다. 여러분이 지정도서를 보기 위해 도서관에 방문했더라도 다른 학생이 이미 그 자료를 이용 중일 수 있으므로 원할 때 이용하지 못할 수 있습니다. 많은 도서관이 전자도서관을 운영 중이지만, 전자자료 또한 동시에 이용할 수 있는 사용자 수에는 제한이 있습니다.

채점기준표(rubric). 학생이 제출하는 과제에 어떤 항목이 포함되어야 하고, 어떤 점수가 부여되는지 설명해 놓은 자료입니다. 모든 과제에 채점기준표가 항상 있는 것은 아니지만, 만일 채점기준이 있는 과제를 받았다면, 명시된 항목 모두를 충족할 수 있도록 해야 합니다.

안식년(sabbatical). 영년직 교수는 약 7년을 계속 근무하면 급여를 받는 안식 휴가를 사용할 수 있습니다. 이는 교수가 맡아서 수행하고 있는 업무에서 일시적으로 벗어날 수 있음을 의미합니다. 이 기간 동안 교수는 책을 저술하거나, 연구 활동에 집중하거나, 다른 대학에서 연구하기도 합니다. 대개 한 학기 또는 두 학기 정도의 시간이 주어지며, 교수로 하여금 더 창의적으로 활동할 수 있도록 재충전의 시간을 주는 것이 목적입니다.

학기제(semester), 분기제(quarter). 어떤 대학은 1년에 두 학기로 이루어진 학기제를 운영합니다. 이 경우, 한 학기는 약 15주간의 수업으로 진행됩니다. 또 어떤 대학은 1년에 세 분기로 구성된 분기제로 운영하기도 합니다. 한 분기는 약 10주간의 수업으로 진행됩니다. 학기제가 가장 일반적인 형태입니다.

세미나(seminar). 정해진 분량의 자료를 읽고 와서, 주로 토론으로 진행하는 형태의 수업을 말합니다. 수강생들이 돌아가면서 자료를 발표하거나 직접 토론을 진행하기도 합니다. 세미나 수업의 경우, 규모가 작은 특징이 있습니다.

강의계획서/실라버스(syllabus). 한 학기 동안 진행되는 과목의 설명과 그 과목을 이수하기 위해 필요한 조건이 명시된 서류입니다. 자세한 내용은 제5장을 참고하세요.

수업 조교(teaching assistant, TA). 대형 강의의 수업을 돕거나, 소규모로 나뉜 그룹의 수업 활동이나 실습을 도와주는 대학원생입니다. TA는 특정 과목의 채점을 담당하기도 합니다.

영년직(tenure). 영년직은 정년 때까지 교수 직위를 유지할 수 있는 권리를 의미합니다. 영년직은 보통 부교수로 승진하는 시점에 심사를 거쳐 부여됩니다. 영년직 교수는 대학 규정에 명시된 심각한 부정행위가 있을 경우에만 교수직에서 해고될 수 있습니다.[29]

◇◇◇◇◇◇◇◇◇

29 옮긴이. 국내에서는 보통 영년직 트랙의 교수로 임용된 후 정해진 기간 내에 영년직 심사를 받도록 되어 있음.

터미널 디그리(terminal degree). 학문 분야별로 도달할 수 있는 가장 최종의 학위를 의미합니다. 대부분 박사 학위(PhD)를 의미하지만, 예술학 석사(MFA)처럼 박사 학위가 거의 나오지 않는 분야는 석사 학위가 터미널 디그리로 여겨집니다.

성적증명서(transcript). 대학에서 수강한 과목, 그 과목의 학점 시간 및 취득한 성적, 다른 대학에서 편입한 경우, 편입된 성적, 취득 학위 등이 표시된 공식 문서입니다. 여러분이 취업을 하거나 대학원에 진학 할 때,[30] 대학의 학적팀을 통해 직접 제출해야 하는 경우가 발생합니다.

학부생(undergraduate, undergrad). 아직 학사 학위(bachelor's degree)를 취득하지 않은 대학교를 다니는 학생을 말합니다.

◇◇◇◇◇◇◇◇

30 옮긴이. 국내에서는 취업이나 대학원 진학 시에 온라인으로 발급되는 성적증명서를 인정하는 경우가 있으나, 외국의 경우 졸업한 대학에서 직접 봉인처리(sealed)한 성적증명서만 인정하는 경우가 있음.

참고도서

Atchley, Wayne, Gary Wingenbach, and Cindy Akers. "Comparison of Course Completion and Student Performance through Online and Traditional Courses." *International Review of Research in Open and Distance Learning* 14, no. 4 (October 2013): 104–16.

Carr, Nicholas. "How Smart-Phones Hijack Our Minds." *Wall Street Journal*, October 7–8, 2017, C1.

Clagett, Bob. "Bob Clagett on Taking a Gap Year." *College Admission*, March 20, 2013. http://collegeadmissionbook.com/blog/bob-clagett-taking-gap-year.

Kuznekoff, Jeffrey, Stevie Munz, and Scott Titsworth. "Mobile Phones in the Classroom: Examining the Effects of Texting, Twitter, and Message Content on Student Learning." *Communication Education* 64, no. 3 (2015): 344–65.

Lawson, Dakota, and Bruce Henderson. "The Cost of Texting in the Classroom." *College Teaching* 63 (2015): 119–24.

McConville, Mark. "How to Help a Teenager Be CollegeReady." *New York Times*, July 26, 2018. https://www.nytimes.com/2018/07/26/well/how-to-help-a-teenager-be-college-ready.html.

Mueller, Pam, and Daniel Oppenheimer. "The Pen Is Mightier Than the Keyboard." *Psychological Science* 25, no. 6 (April 2014): 1159–68.

Nathan, Rebekah. *My Freshman Year: What a Professor Learned by Becoming a Student*. Ithaca, NY: Cornell University Press, 2005. (미국의 대학생은 지금. 레베커 네이던. 2006. 다산미디어 역간)

National Center for Education Statistics. "The Condition of Education." Updated May 2018. https://nces.ed.gov/programs/coe/indicator_ctr.asp.

Ophir, Eya, Clifford Nass, and Anthony Wagner. "Cognitive Control in Media Multitaskers." *Proceedings of the National Academy of Sciences* 106, no. 37 (September 15, 2009): 15583–87.

Sana, Faria, Tina Weston, and Nicholas Cepeda. "Laptop Multitasking Hinders Classroom Learning for Both Users and Nearby Peers." *Computers & Education* 62 (2013): 24–31.

Winneke A. van der Schuur, Susanne Baumgartner, Sindy Sumter, and Patti Valkenburg. "The Consequences of Media Multitasking for Youth: A Review." *Computers in Human Behavior* 53 (December 2015): 63–70.

지은이/옮긴이

지은이

다나 존슨(Dana T. Johnson)

1693년 미국에서 두 번째로 설립되어 리버럴아츠칼리지(Liberal Arts College)로 명성이 높은 윌리엄메리대학(College of William and Mary)에서 수년간 수학 교수로 재직했다. 수학 분야에서 훌륭한 강의 교수에게 수여하는 Simon Prize for Excellence를 두 차례 수상했다. 현재 버지니아주 윌리엄스버그에 살고 있다.

제니퍼 프라이스(Jennifer E. Price)

대학생을 가르치는 생물학자로서, 기존의 대면 강의뿐만 아니라, 온라인 강의로 학생들을 가르친 경험이 풍부하다. 현재 버지니아주 팔미라에 살고 있으며, 이 책의 제7장과 제12장을 썼다.

옮긴이

조용운

고려대학교를 졸업하고 현재 GIST 책임행정원으로 근무하고 있다. 옮긴 책으로는 『변혁시대의 협력적 거버넌스』(행복에너지, 2022)가 있다.

교수님, 이거 시험에 나와요?

초 판 인 쇄 2022년 6월 20일
초 판 발 행 2022년 6월 30일

지 은 이 다나 존슨(Dana T. Johnson) · 제니퍼 프라이스(Jennifer E. Price)
옮 긴 이 조용운
발 행 인 김기선
발 행 처 GIST PRESS

등 록 번 호 제2013-000021호
주   소 광주광역시 북구 첨단과기로 123(오룡동)
대 표 전 화 062-715-2960
팩 스 번 호 062-715-2069
홈 페 이 지 https://press.gist.ac.kr/
인쇄 및 보급처 도서출판 씨아이알(Tel. 02-2275-8603)

I S B N 979-11-90961-15-8 (03370)
정   가 16,000원